国家社会科学基金教育学青年项目
"我国体质弱势青少年的体力活动促进生态学研究"研究成果
(项目编号: CLA140163)

向剑锋◎著

青少年体力活动促进理论与实践

PHYSICAL ACTIVITY PROMOTION
OF ADOLESCENTS:
THEORY AND PRACTICE

ZHEJIANG UNIVERSITY PRESS
浙江大学出版社

前　言

　　青少年是国家和民族的希望,青少年的健康成长是关乎民族未来的大事。2007年发布的《中共中央国务院关于加强青少年体育增强青少年体质的意见》明确指出:"青少年时期是身心健康和各项身体素质发展的关键时期。青少年的体质健康水平不仅关系个人健康成长和幸福生活,而且关系整个民族健康素质,关系我国人才培养的质量。"30多年来的学生体质健康测试结果显示,我国青少年健康状况令人担忧,体力活动不足是青少年身体素质下降的重要原因,促进体力活动成为青少年健康促进工作的重要内容。

　　党和政府历来重视青少年体质健康问题,近年来制定了多项以学校体育工作为核心的健康促进政策措施。自2006年教育部、国家体育总局、共青团中央下发《关于开展全国亿万学生阳光体育运动的通知》以来,还先后发布了《切实保证中小学生每天一小时校园体育活动的规定》《关于进一步加强学校体育工作的若干意见》《关于强化学校体育促进学生身心健康全面发展的意见》等多个文件。2016年发布的《"健康中国2030"规划纲要》提出:"实施青少年体育活动促进计划,培育青少年体育爱好,基本实现青少年熟练掌握1项以上体育运动技能,确保学生校内每天体育活动时间不少于1小时。到2030年,学校体育场地设施与器材配置达标率达到100%,青少年学生每周参与体育活动达中等强度3次以上,国家学生体质健康标准达标优秀率25%以上。"2018年1月,国家体育总局、教育部等七部门联合印发《青少年体育活动促进计划》,提出了"青少年体育活动蓬勃开展、青少年身体素质不断提高、青少年体育组织发展壮大、青少年体育场地设施明显改善、青少年体育指导人员培训广泛开展、青少年科学健身研究和普及成效显著"的六大目标,以及"广泛开展青少年体育活动、加强青少年体育组织建设、统筹和完善青少年体育活动场地设施、强化青少年运动技能培训、推进青少年体育指导人员队伍建设、加强青少年科学健身研究与普及和加强对青少年的体育文化教育"的 7 项任务。2018 年 9 月,习近平主席在全国教育大会上再次强调:要树立健康第一的教育理念,开齐开足体育课,帮助学生在体育锻炼中享受乐趣、增强体质、健全人格、锤炼意志。

在上述政策措施的指导下,我国开展了"亿万学生阳光体育运动"、阳光体育大会等极具影响力的体育文化活动,营造了良好的体育文化氛围。2010 年与 2014 年全国学生体质与健康调研结果显示,中小学生身体素质下滑趋势开始得到遏制。但是,受生活方式、社会环境等因素的影响,青少年参加体力活动的时间依然非常有限,青少年体质健康状况仍然令人担忧,大学生体质健康水平仍呈下降的趋势。因此,青少年体力活动与健康促进工作还任重道远,有必要借鉴先进的健康促进理论,继续深入加强青少年体力活动促进工作,切实提高青少年身心健康水平。

本书不仅阐述了多种体力活动与健康促进的理论与方法,还特别介绍了动商、体育素养、生命史理论等新的概念和理论,以及地理信息系统、智能手机等新兴体力活动测量手段,为青少年体力活动研究与实践提供了新思路。本书立足全球视野,结合我国实际,整理了《儿童青少年体力活动报告》的理论体系与最新数据,阐述了《中国儿童青少年身体活动指南》的核心内容,力图全面、系统、深入地分析青少年体力活动的现状水平、发展前景及促进策略。本书坚持理论联系实践的原则,在健康促进生态学理论框架基础上,介绍了国内外青少年体力活动研究与实践案例,以期为今后更科学地开展青少年体力活动促进工作提供理论支持。

本书是全国教育科学基金"十二五"规划教育学青年项目(CLA140163)的研究成果,受到国家社会科学基金资助。西南石油大学健康体育青年科技创新团队为本书的撰写开展了大量工作,吴薇、许汪宇等课题组成员以及朱小烽博士等人为本书提供了大量素材,特别感谢他们的支持与帮助。本书还借鉴了许多专家、学者的研究成果,在此谨向他们的辛勤付出致以诚挚的感谢。鉴于作者的水平有限,经验不足,书中可能会出现一些疏漏。在此,恳请各位专家、学者和读者朋友给予批评和指正。

向剑锋

2019 年 6 月

目　录

第一章 体力活动与健康概述

体力活动不足已经成为举世公认的影响人类身心健康的公共卫生和社会问题。1994 年世界卫生组织(WHO)就指出静坐少动的行为方式是当今慢性非传染性疾病发生的第一独立危险因素,是 21 世纪最大的公共卫生问题。[①]最近 20 多年的大量流行病学研究进一步证实,体力活动不足不仅会引起身体素质下降,还会直接或间接导致心脑血管疾病、超重肥胖、Ⅱ型糖尿病、骨质疏松、恶性肿瘤、高血压、焦虑和抑郁等身心疾病,使个人健康指数急剧下降,生活幸福感受到严重影响,为家庭和社会带来巨大的经济负担。要应对这一问题,首先就要对体力活动与健康促进的基础理论知识有所了解,这对开展科学健身、增强国民健康水平具有重要意义。

第一节 体力活动概述

体力活动(Physical Activity,PA),又译作身体活动,是指由骨骼肌收缩引起的,导致机体能量消耗增加的一切活动。体力活动包括人们的生产活动、生活活动、休闲活动、体育锻炼和竞技体育运动等多种形式。体力活动可以根据不同的标准分为以下几大类:(1)根据肌肉活动的力学特点,可分为静力性活动和动力性活动;(2)根据肌肉活动的代谢特点,可分为有氧活动和无氧活动等;(3)根据活动的性质差异,又可分为休闲性活动、职业性活动、交通性活动和家务劳动,这是当前最常见的体力活动划分方法。

将体力活动的强度和时间相乘,可得出该时段的体力活动量。通常所说

---

① 田野.体育活动、体质与健康:全民健身与健康促进 10 年回顾[J].生理科学进展,2014(4).

的体力活动量指一周的活动总量,因此还需要将一周的体力活动频率纳入其中。体力活动量可以采用 kCal、MET-min 或 MET-H 来表示,1MET(Metabolic Equivalent of Energy 的缩写)相当于安静时人体的平均耗氧量(3.5 ml/(kg·min)),即安静时人体每千克体重每分钟消耗 3.5 毫升的氧气。MET 的中文名称为"代谢当量",又译作"梅脱"。将一段时间内的体力活动量除以总时间可以得出体力活动水平(Physical Activity Level,PAL),相当于这段时间内的平均体力活动强度。

体育锻炼(Exercise)的概念不同于一般的体力活动,它是一种有计划、有组织的休闲性体力活动形式,是指运用各种身体练习方法(包括徒手或器械),以愉悦身心、强身健体、改善运动能力、提高健康水平等为主要目的的身体活动。因此,体育锻炼又可称为健身性体力活动,其内容包括健身健美运动、娱乐休闲体育和民族传统体育等。

非健身性体力活动则是指活动强度较低、健身价值较小的体力活动,通常其频率较高,持续时间较长,主要包括坐姿体力活动和站姿小幅度的身体活动等。著名运动生理学家 Brooks 指出:任何能耗超过基础代谢水平的体力活动,不论是有意的还是自发的,职业性还是娱乐性的,都有助于提高体力活动水平。尽管如此,非健身性体力活动的健康效益仍远不及长时间中高强度体育锻炼。

为了更好地指导日常健身及体力活动的相关研究,1993 年 Ainsworth 在大量实验研究的基础上发布了《体力活动概要》,2000 年又对其进行了扩充和改进。新《体力活动概要》包括 605 种体力活动类型,对不同体力活动进行了编码和强度界定,得到了运动科学和公共卫生领域专家的广泛认可,许多体力活动调查研究都借助这一工具推算体力活动量和体力活动水平。

流行病学研究表明,随着工业化、城市化和智能化进程,人类的体力活动水平迅速下降,静态生活方式(Sedentary Lifestyle)蔓延,如何有效提高人类体力活动水平成为运动科学领域面临的重大课题。2007 年 Hamilton 首次提出了体力活动不足生理学(Inactivity Physiology)的理论设想,2012 年 Steven N Blair 在其著作 *physical Activity and Health*(第二版)中采用独立章节进行了阐述,该理论认为,静坐少动在生物学上不仅仅表示体力活动不足,该行为方式能迅速激发强烈的细胞和分子信号,并引发相关的负面生理反应。①

第二节　健康概述

一、健康及相关概念

(一)健康的定义

传统观念认为,所谓的健康就是指"无病、无残、无伤",抑或"健康就是没有疾病"。但是,这只是一种局限于生物医学模式的健康观念,具有明显的局限性。其主要表现在将人的自然属性和社会属性分离开,容易忽视政治、经济、战争、教育等社会因素的作用,以及冲动、孤独、紧张、恐惧、悲伤、失落、忧患等心理因素对健康的影响。

随着社会发展以及人们对于疾病和健康的认识逐渐深入,健康的定义从1948年世界卫生组织宪章(WHO宪章)的三维健康观发展到1989年的四维健康观(即健康包括身体健康、心理健康、道德健康和社会适应良好共四个维度),其间多个学者或机构对健康的内容进行了完善,具体历程见表1.1。

表 1.1　健康的内涵完善历程概览(1948—1989)

年份	来源	主要观点
1948	WHO 宪章	健康不仅是没有疾病或虚弱,而是指躯体的、心理的和社会的良好状态。
1960	Halbert 等学者	健康的内涵不是一成不变的,健康是指个人或群体在内的生理的、心理的、情绪的、社会的和精神的多个方面的最佳或者完美状态。
1977	恩格尔等发表于《科学》杂志	明确地指出并批评了生物医学模式的片面性,并提出了很有见解的"生物—心理—社会医学模式",认为"今天占统治地位的疾病模式是生物医学模式,分子生物学是它的基本学科。这种模式认为疾病完全可以用偏离正常的、可测量的生物学(躯体)变量来说明。在它的框架内没有给病患的社会、心理和行为方面留下余地"。②

---

① 王正珍,王娟,周誉.生理学进展:体力活动不足生理学[J].北京体育大学学报,2012(8).
② 王建,何玉秀.健康体适能[M].北京:高等教育出版社,2010.

续表

年份	来源	主要观点
1978	《阿拉木图宣言》	"健康不仅是没有疾病和身体虚弱,而且是身心健康、社会幸福的完美状态……健康是基本人权,达到尽可能高的健康水平,是世界范围内的一项最重要的社会性目标。"[1]
1986	WHO/《渥太华宪章》	"应将健康看作是日常生活的资源,而不是生活的目标。健康是一个积极的概念,它不仅仅是个人身体素质的体现,也是社会和个人的资源。为了达到身心健康和较好地适应社会的完美状态,每一个人都必须有能力去认识和实现这些愿望,努力满足需求和改善环境。"
1989	WHO	明确地将道德健康纳入健康的基本构成要素,提出"一个人在躯体健康、心理健康、社会适应良好和道德健康 4 个方面皆健全"才算健康。

身体健康,是指身体没有疾病,而且有充分的能力完成各种活动。身体健康是人整体健康的基础。

心理健康包括两层含义:一是自我人格完整,心理平衡,有较好的控制能力,能正确评价自己,及时发现并克服自己的缺点;二是有正确的人生目标,能不断追求和进取,对未来充满信心。

道德健康是指既为自己的健康也为他人的健康负责,把个人的行为置于社会规范之内,注重从思想上与行为上培养高尚的道德修养,养成良好的道德行为习惯,成为品性优良的人。

社会适应良好,是指人的行为能适应复杂的社会环境变化,能为他人所理解,为社会所接受,行为符合社会身份,能与他人保持和谐的人际关系。

20 世纪末期美国学者奥林斯提出了另一种三维健康模式,认为生物、心理和社会是评价人的生命状态的 3 个方面,根据每个方面的健康程度,可以大致区分出 8 种普通人的健康类型(见表 1.2)。美利坚大学的国家健康中心又提出人体需要在身体、智力、精神、情绪和社交这 5 个方面都健康才能称得上真正的健康,上述 5 个方面又可称为健康 5 要素。健康 5 要素之间存在相互影响的路径关系。例如,长期情绪不健康极可能会导致一系列的身体疾病,而身

---

① 阿拉木图宣言[R].阿拉木图:国际初级卫生保健会议,1978.

体不健康又会影响到人的智力、精神、社交等方面。

表 1.2　奥林斯提出的 8 种健康三维模型①

类型	标志	身体方面	心理方面	社会方面
1	正常健康	健康	健康	健康
2	悲观	健康	不健康	健康
3	社会方面不健康	健康	健康	不健康
4	患疑难病症	健康	不健康	不健康
5	身体不健康	不健康	健康	健康
6	长期受疾病折磨	不健康	不健康	健康
7	乐观	不健康	健康	不健康
8	严重疾病	不健康	不健康	健康

(二)整体健康

在健康理念的发展过程中,人们长期认为健康水平的维持和提高可以通过体育锻炼干预为主的体质健康促进项目来实现。但是,20 世纪末期,人们逐渐认识到:降低疾病风险、保证机体良好的健康状态仅仅靠增强体质是不够的。例如,一个人通过规律的体育锻炼可能具有非常好的体质,包括良好的心肺耐力和肌肉功能,体重控制适当,以及良好的柔韧性等,但是他可能同时具有很多高风险的行为习惯,诸如吸烟、过度饮酒、压力过大、摄食过多饱和脂肪酸等,这些因素仍可使其处于心血管疾病及其他慢性病的危险之中。此类人可能对自己的健康状况抱有非常乐观的态度,直到出现某些严重健康问题。

可见,健康的内涵不能只是具有良好的体质或暂时没有疾病,而是具有保持健康所需的健康生活方式和良好的身心状态。在这种背景下,"整体健康"(Wellness,又译作"全人健康")的概念应运而生。2000 年,David J. Anspaough 出版了《整体健康》一书,全面整理阐述了"整体健康"的概念和内涵,它是指持续地、有意识地努力保持健康生活方式,以达到最佳的健康状态,包括身体、情感、心智、社会、环境、职业与精神共 7 个健康维度(见图 1.1)。与

① F. D. 沃林斯基. 健康社会学[M]. 孙牧虹译. 北京:社会科学文献出版社,1999.

传统健康观念相比,"整体健康"更加注重不同健康构成要素之间的关系,并且重点强调健康的实践性,将健康不仅理解为一个状态,而是一个发展的过程。"整体健康"不仅取决于个体的健康选择,还受到社会环境因素的影响,因此,公共卫生领域不仅应关注个体的健康,同时应注重创造有利于大众健康的支持性环境。

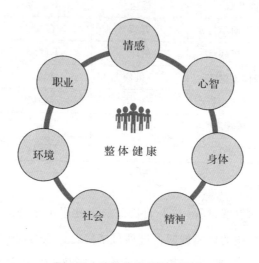

图 1.1　整体健康的七个维度

　　在此基础上,有学者根据现阶段影响人类健康的主要因素,将旨在改善个人健康水平的"整体健康"活动进一步归纳和细化为 12 种,即参加体力活动、不吸烟、控制性生活、安全活动、压力管理、医疗体检、降低心血管疾病危险性、健康教育、合理营养、精神生活、预防癌症以及防止药物滥用。与传统的健康概念相比,"整体健康"的理念对于深入认识健康概念的内涵、指导健康科学研究及改善个人健康水平都具有更加现实的意义。

　　(三)亚健康

　　"亚健康"是 20 世纪 80 年代由苏联学者 Berkamn 提出的概念,它专指介于健康与疾病之间的一种生理功能低下的特殊状态,又可称为第三状态。机体虽无明确的器质性病变,但却呈现出活力降低、反应能力下降、免疫力低下、精神状态差等状态。

　　依据亚健康状态的症状归属,可以将其分为躯体亚健康状态、心理亚健康状态、人际交往亚健康状态以及慢性疲劳综合征四种。躯体亚健康状态主要表现在躯体性疲劳,如困乏、四肢酸痛、低热、头晕、易疲劳、易感冒等,这些症状如果未及时得到纠正,很可能发展为疾病状态。心理亚健康状态常表现为焦虑、烦躁、失眠、易怒、心慌等症状,长期处于这种状态下可能诱发高血压、心脏病、癌症等疾病。人际交往亚健康状态主要体现为人际关系不稳定,对人对事的态度冷漠,与他人之间的心理距离加大,这种状态极可能引发严重的心理问题和精神疾病。慢性疲劳综合征(Chronic Fatigue Syndrome,CFS)则是一种以疲劳低热(或自觉发热)、咽喉痛、肌痛、关节痛、头痛、注意力不易集中、记忆力下降、睡眠障碍和抑郁等非特异性表现为主的综合性病症。CFS是亚健康最主要的表现形式,约四分之一的人可能具有慢性疲劳综合征的症状。

有学者提出,处于健康状态和不健康状态的人分别约占总人口的15%,剩余约70%的人口都处于亚健康状态。也有调查表明,健康人群只占5%,不健康人群约占20%,亚健康人群约占75%。这部分人可能自发地向疾病状态转化,只有在进行合理干预和调节之后,亚健康状态才有可能转变为健康状态。这些调节方法包括加强锻炼、维持良好的生活戒律、科学饮食、心理调节、纠正不良生活嗜好等。

亚健康状态可能由多种原因引起,包括社会学、心理学、环境、遗传和生活方式等因素。对我国青少年亚健康状况的研究显示,男生亚健康发生率低于女生。李建桥通过对相关研究的综述,将影响我国青少年亚健康状况的相关因素分为社会因素、家庭因素、学校因素、个人因素4大方面,其中主要影响因素包括社会支持、就业压力、家庭经济条件、学习压力、同伴关系、不良的生活行为习惯等。结论是我国青少年学生亚健康状况的影响因素众多且交互作用。[①]

亚健康状态的评价手段主要为亚健康量表,代表性量表包括美国疾病控制中心亚健康诊断量表、中医亚健康临床指南、中国身心健康量表(CPSHS)等。安徽医科大学陶芳标教授等学者研发的《中国青少年亚健康多维问卷》

---

① 李建桥,吴瑞,刘琴,等.影响中国青少年亚健康相关因素的系统评价[J].中国循证医学杂志,2013(3).

(MASQ)是当前国内青少年亚健康评价的主流量表(见附录一)。

(四)体适能

1. 体适能概述

体适能译自 Physical Fitness,是半个世纪前由美国健康、体育、娱乐协会(AAHPER)提出的概念,日本学者常用"体力"来表达这一概念,而我国学者常以"体质"或"体能"来表述。2008 年版的体育科学研究生通用教材《健康体适能》将体适能解释为"人们所具有的与其完成体力活动能力有关的一组身体素质"[①],这与 1996 年美国健康与服务部的体适能定义相同。美国运动医学学会将体适能定义为"机体在不过度疲劳的状态下,能以最大活力愉快地从事休闲活动,以及应付不可预测紧急情况的能力和从事日常工作的能力",并将其分为健康相关体适能(Health-Related Fitness)和技能相关体适能(Skill-Related Fitness,Performance-Related Fitness)两类。有学者认为除了以上两部分外,还应包括与基本生理功能相关的体适能(Physiologic Fitness),其要素包括形态结构、代谢能力、骨骼强韧度等(见图 1.2)。

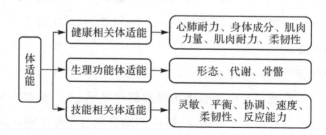

图 1.2　体适能的维度与要素

健康相关体适能是指那些受生活方式或日常体力活动影响,与健康状况密切相关的适能要素,通常可分为心血管适能、肌肉适能、柔韧适能和身体成分四大要素。其中,心肺耐力与人的健康状况、疾病及死亡风险关系最为密切,是健康相关体适能的核心要素。

生理功能相关体适能主要用于医学领域,是指与维持人体基本生理功能相关的体适能要素,既与个体体力活动水平相关,又与疾病的防治密切相关,

---

① 王健,何玉秀.健康体适能[M].北京:人民体育出版社,2008.

如形态结构的完整性、机体代谢功能、骨骼健康状况等。

技能相关体适能是指保持机体最佳工作状态所必需的、与个体运动能力相关的体适能要素,表现为灵敏、平衡、协调、速度、柔韧性、反应能力等。广义上讲,技能相关体适能与个体运动技能、心肺功能、肌肉力量和耐力、体形大小、身体成分、动机、营养状况等都密切相关。

近年来又有学者提出了体适能商(Physical Fitness Quotient,PFQ)的概念,它代表了健康体适能和技能相关体适能的综合水平,可分为健康体适能商(HPFQ)和运动体适能商(SPFQ)。总之,体适能的概念与健康密切相关,是"身体活动性"和"环境适应性"的综合体现。

在"体适能"普及之前,我国学者主要采用"体质"来表述相关的概念。体质可以理解为人体的质量,是"在遗传性和获得性的基础上表现出来的人体形态结构、生理功能和心理素质的综合的、相对稳定的特征"[1]。如果加入身体素质和运动能力两个部分,则可以通过图 1.3 来理解体质的内涵。体质同样体现出对环境的适应性,因此体质与"体适能"的内涵非常接近。

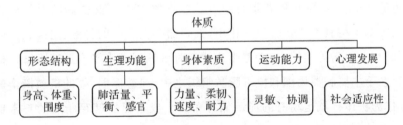

图 1.3　体质的内涵

随着社会的发展,体质与健康问题愈发引起人们的关注,尤其是学生的体质问题已经成为全社会关注的一个焦点。早在 20 世纪 90 年代陈云就提出"特形生"的概念,其后,李向东、徐家林等人对"体育弱势群体"进行了阐释。2008 年,周二三等对"体质弱势群体"的概念进行了全面界定,提出"体质弱势群体"是指在身体健康(主要是在体质发育方面)方面处在不利地位,尤其是从事以体力为主的,在学习和生活方面处在不利地位的群体。周二三等认为"体

---

① 李红娟. 体力活动与健康促进[M]. 北京:北京体育大学出版社,2012.

质弱势群体"的界定包含一个充分条件和两个基本标准:充分条件是身体患有不适宜参加剧烈体育运动的疾病或身体有残障的人群。基本标准一是《学生体质健康标准》测试得分在 59 分以下的人群;基本标准二是体重指数 BMI 测试结果在以下范围的人群:BMI<20,或 BMI>26.5。达到以上充分条件或两个基本标准的学生群体基本可被确定为"体质弱势群体"[①]。目前,国内学者较认同周二三等对这一概念的定义,但这一定义未考虑到 BMI 标准的年龄和性别差异性,且 2014 年《学生体质健康标准》对 BMI 标准又有所调整。因此,"体质弱势群体"可理解为体质健康测试未达标、身体形态不良及患有不适宜参加剧烈体育运动的疾病或身体有残障的人群。

2.身体成分

(1)身体成分(Body Composition)与体脂含量。①身体成分。身体成分是组成人体组织、器官的总成分。由于脂肪是体重中影响健康的最重要成分之一,公共卫生领域常将体重划分为体脂重(FM)和去脂体重(FFM,亦称为瘦体重)。其中,FM 又可分为必需脂肪和储存脂肪两大类。男性的必需脂肪约占总体重的 3%,而女性的必需脂肪约占总体重的 12%。必需脂肪对机体正常生理功能的维持具有举足轻重的作用,大多储存在人体的神经、肌肉、骨髓、心脏、肝脏和大小肠等组织内,必需脂肪缺乏时机体健康水平会迅速下降。储存脂肪存在于主要脏器周围和皮下脂肪组织之中,起着保温、缓冲机械撞击的作用,也作为机体有氧运动时的能源储存备用。成年男性储存脂肪的正常比例约为 14%,成年女性约为 15%。

(2)体脂对健康的影响。体脂过少会危害青少年的健康。例如,长期节食可能造成营养不良、厌食症或其他疾病,进而造成体脂过少,长期处于体脂过少状态会出现身体功能失调(如月经紊乱),严重者甚至可导致死亡。20 世纪末期我国学生体质健康调查显示,相当多一部分青少年处于营养不足的状态,典型的表现就是身体瘦弱,体脂百分比未达到应有标准,近年来这种情况有所改善(见表 1.3)。

---

① 周二三,刘成,李秀华. 体质弱势群体的理论构建[J]. 体育学刊,2008(7).

表 1.3 我国 1995 年和 2010 年不同群体儿童青少年体脂率[①] 单位:%

性别	年龄	1995 年					2010 年				
		大城市	中小城市	富裕农村	中下农村	全国合计	大城市	中小城市	富裕农村	中下农村	全国合计
男	7	16.0	14.2	13.0	12.6	14.0	17.8	16.2	15.2	14.1	15.8
	10	18.7	16.8	14.4	13.5	16.0	21.0	19.5	18.1	16.4	18.8
	12	18.8	17.2	15.3	14.0	16.5	21.9	19.6	19.0	15.9	19.2
	15	14.9	12.8	12.2	11.0	12.9	16.8	14.5	15.0	11.7	14.6
	18	15.0	13.1	13.1	12.1	13.4	16.8	14.4	14.4	13.0	14.7
	合计	16.5	14.5	13.3	12.4	14.3	18.6	16.9	16.0	13.9	16.4
女	7	11.8	10.5	9.8	9.5	10.5	13.0	12.3	12.0	10.5	12.0
	10	18.9	17.6	16.1	15.3	17.1	21.2	20.4	19.3	17.1	19.6
	12	21.6	19.6	18.6	17.2	19.4	23.8	22.0	22.2	18.7	21.8
	15	25.6	23.7	23.2	21.4	23.6	26.6	24.4	25.1	23.2	24.9
	18	25.0	23.9	23.8	22.6	23.9	25.3	23.2	24.2	23.5	24.0
	合计	20.7	19.4	18.3	17.4	19.0	21.9	20.5	20.4	18.5	20.4

一个人体内脂肪过多,他的身体也极易处于亚健康状态。腹部内脏周围储存脂肪过多的肥胖者患高血脂、高血压、心血管疾病、Ⅱ型糖尿病和中风的危险性,会高于储存脂肪堆积在臀部和大腿部的肥胖者。超重肥胖青少年不仅面临心肺功能降低、肢体行动困难、智力水平降低、反应迟钝等问题,而且青少年肥胖也是培养成年疾病的温床,为成年肥胖及多种相关疾病埋下了隐患。

3.心血管适能

心血管适能反映由心脏、血液、血管和肺组成的呼吸和血液循环系统向肌肉运送氧气和能量物质,维持机体从事运动的能力。[②] 由于心血管适能重点强调人体的有氧功能,因此又常被称为有氧适能或心血管耐力。

心脏是心血管适能的动力器官,对全身的血液循环都起着主导作用,每搏

---

① 季成叶,陈天娇.中国儿童青少年 1995—2010 年皮褶厚度和体脂率变化情况[J].中国学校卫生,2013(7).

② 王建,何玉秀.健康体适能[M].北京:高等教育出版社,2010.

输出量、心率等指标都与心血管适能密切相关。呼吸系统主导着心血管系统与外界的气体交换,最大通气量、肺活量等也是反映心血管适能的重要指标。血管和血液是运输氧气的通道和载体,同时又是排出代谢产物的重要途径,因此血红蛋白浓度、血压等指标对体力活动至关重要,儿童青少年脉搏、血压正常值范围见表 1.4。

表 1.4　儿童青少年脉搏、血压正常值范围[①]

指标	性别	界限	百分位数	年龄										
				7	8	9	10	11	12	13	14	15	16	17
脉搏	男	上	97	104	102	100	100	100	98	96	96	96	96	96
		下	3	72	72	70	68	68	68	66	64	64	64	62
	女	上	97	108	104	104	102	102	102	100	100	98	98	98
		下	3	72	72	72	70	70	70	68	68	66	66	66
收缩压	男	上	97	113	115	118	120	121	122	120	131	134	138	140
		下	3	86	87	88	89	90	90	91	91	95	99	100
	女	上	97	113	116	120	121	121	126	127	130	131	131	131
		下	3	86	87	88	89	90	91	91	92	94	94	95
舒张压	男	上	97	80	81	81	82	82	83	84	86	88	90	91
		下	3	51	51	51	52	53	54	55	57	60	60	60
	女	上	97	81	81	82	83	83	85	85	86	87	88	88
		下	3	51	51	51	52	54	57	57	59	60	60	60

　　通过心血管和呼吸系统的联动,机体得以向肌肉提供能量。如何评价机体向肌肉长时间输送能量的能力呢?最大摄氧量(Maximal Oxygen Intake,VO_2max)是一个核心评价指标。VO_2max 又称最大有氧功率(Maximal Aerobic Power),是指人体在进行有大肌肉群参加的力竭性运动过程中,当有氧运输系统的心泵功能和肌肉的氧利用能力达到本人的极限水平时,在单位时间内所能摄取的最大氧量,通常以 $O_2 L/min$ 或 $O_2 L/(kg \cdot min)$ 来表示。前

---

① 全国教材委员会.体育测量与评价[M].北京:人民体育出版社,1995.

者是 VO_2max 绝对值表示法,后者是相对值表示法。由于人体的氧运输系统不能大量储存氧,所以在通常情况下,人体的最大吸氧量等同于最大耗氧量,并均以 VO_2max 表示。

VO_2max 是健康体适能水平的重要标志,其大小通常受遗传、年龄、性别和体力活动状态等因素影响。在遗传因素方面,有学者通过对单卵双胎和双卵双胎受试者最大吸氧量的研究发现,单卵双胎受试者间的 VO_2max 差异较小,而双卵双胎受试者间的差异较大,证明遗传因素对 VO_2max 有较大的影响。还有研究发现,在影响 VO_2max 的各种因素中,遗传因素的影响度约为 $25\%\sim50\%$。

VO_2max 绝对值(L/min)在青少年发育过程中逐渐增加,男性约在 16 岁时出现峰值,女子约在 14 岁时出现峰值。14 岁时,男女 VO_2max 绝对值的差异约为 25%,16 岁时高达 50%。但是,男生在 6~16 岁期间 VO_2max 相对值通常稳定在 53ml/(kg·min)水平,在同年龄段内,女生则从 52.0ml/(kg·min)逐渐下降到 40.5ml/(kg·min),这可能是因为女生体脂百分比的迅速增长降低了最大摄氧量。

4.肌肉适能

肌肉适能是指机体依靠肌肉收缩克服和对抗阻力,从而维持身体运动的能力,可通过肌肉力量、肌肉耐力和肌肉功率等方面的指标来反映。肌肉力量是指肌肉收缩产生最大收缩力的能力。根据等长收缩、等张收缩、等速收缩的运动形式,肌肉力量可以划分为向心收缩力量、离心收缩力量、等速肌肉力量以及超等长肌肉力量等类别。肌肉耐力是指肌肉持续收缩对抗疲劳的能力(如引体向上能力),肌肉耐力在长时间持续抗阻运动中非常重要。肌肉功率俗称为爆发力,通常指肌肉短时间爆发出最大力量的能力。肌肉适能是机体进行体力活动的基础,其水平高低对维持正常活动、增强体质健康和预防运动损伤都具有重要作用。

肌肉适能受肌肉质量、肌肉类别、年龄、性别等因素的影响。通常,肌肉横截面积越大,肌肉功率越大。快肌纤维比重越高,肌肉功率越大,而慢肌纤维比重越大则肌肉耐力越好。

5.柔韧适能

柔韧适能指决定单一关节或一组关节活动范围的骨骼肌肉系统特性,通常我们又称之为柔韧性。柔韧适能是运动损伤的重要影响因素,其中肌肉拉伤和关节损伤与柔韧性较差密切相关,因此柔韧适能被视作健康体适能的一个重要成分。在学校体育教育中,热身活动和整理活动都是发展柔韧适能的重要环节,对预防青少年运动损伤、促进青少年生长发育具有重要作用。

根据生物力学原理的区别,柔韧适能可分为静态柔韧适能和动态柔韧适能。静态柔韧适能主要指关节静态的最大活动范围,可采用角度或线性测量。动态柔韧适能是指快速移动肢体或从事快而反复动作的能力,如人在跑步、游泳、体操等运动中关节的摆动角度。除此以外,按照练习的形式,柔韧适能可分为主动柔韧适能和被动柔韧适能。根据身体不同部位的表现,可分为上、下肢柔韧适能,腰部柔韧适能和肩部柔韧适能。

在人体生长发育过程中,柔韧适能随着年龄的增长、骨的钙化和肌肉的增加而逐渐减退,以初生婴儿的柔韧适能最好。通常,10 岁以后会相对降低,因此 10 岁之前应经常进行柔韧性锻炼,避免柔韧性的迅速衰减。10~13 岁柔韧适能仍有较大的可塑性,给予适当的柔韧练习仍可获得较好的效果,并对生长发育有一定的促进作用。但是,13 岁以后柔韧适能可塑性迅速降低,到 16 岁已存在很大发展阻力,这一阶段不宜过分进行柔韧性练习,但应保持应有的活动度。

(五)动商与体育素养——与体力活动相关的健康新概念

1.动商

智商和情商的概念已为大众所熟知,近年来动商(Motility Quotien 或 Motor Quotient,MQ)成为我国运动科学领域的研究新热点。对动商的研究最早可追溯到 1934 年 McCloy 的综合运动能力测验研究,该研究试图研制一种可以有效测量个体综合运动潜能和运动能力的测试系统。后来 Allred 将这种测试结果用动商表示,认为动商反映了个体固有的运动潜能,动商分数反映了个体在与同龄相比时自己的运动潜能所处的水平。加德纳于 1985 年提出“多元智力理论(Multiple Intelligences)”,将“动觉智力(Bodily Kinesthetic Intelligence)”列为多元智力的重要组成部分,主要指运用四肢和躯干的能力,表现为能够较好地控制自己的身体、对事件能够做出恰当的身体反应以及善于利用身体语言来表达自己的思想和情感的能力。同年,Capute 等提出了"运动商数"这一概念。2014 年,王宗平等引进了这一概念,他们认为:"动商的概念有狭义和广义之分。狭义的动商是指个体的运动商数,是个体克服自身和客观事物进行运动的能力,是人挖掘、发挥运动天赋和潜能的能力,主要包括运动素质、运动心理、身体机能等。广义的动商是指一切通过人的身体或身体某一部分活动所表现出来的人的自然属性和社会属性,包括生命活动、生产劳动、身体运动的特质和能力。"[①]王宗平等还提出了"成功＝50％情商＋30％智商＋20％动商"的计算公式,认为动商与智商、情商既相互区别、相互独立,又相互促进、共同发展。动商的提高有利于智商和情商的提高,因此对人的全面发展非常重要。但是,目前动商在概念界定、测评工具等方面都还存在许多需要完善的地方。

2. 体育素养

体育素养(Physical Literacy)是近年来在运动科学界逐渐得到认识的一个新名词,其概念从提出到得到逐渐认同历经了约 30 年。2010 年,Whitehead 出版了首部关于体育素养的专著 *Physical literacy：throughout the lifecourse*,全面系统地阐述了体育素养的概念与内涵(见表 1.5),这是国际运动科学领域研究体育素养的最权威著作。[②] 2015 年上海体育学院英文期刊 *Journal of Sport and Health Science* 专刊阐述了体育素养的概念及应用前景,正式将这一概念引入中国。随后,陈思同等对我国的体育素养概念进行了阐述和论证,认为在我国体育素养又可以被理解为"人类在生命过程中获得利于全人生存发展的运动要素的综合,包括体育意识、体育知识、体育行为、体育技能、体质水平"[③]。任海认为体育素养着眼于身体活动与积极生活方式的契合关系,立足于人的整体,在情感、认知和身体等相互关联的多种维度上激发

---

① 王宗平,张怡. 动商——人类全面发展的重要支脚[J]. 体育学刊,2014(4).

② Whitehead M. Physical literacy：throughout the lifecourse [M]. London and New York：Routledge,2010.

③ 陈思同,刘阳,唐炎,等. 对我国体育素养概念的理解——基于对 Physical Literacy 的解读 [J]. 体育科学,2017(6).

动机,培养能力,促成终身参与身体活动的行为习惯。[①]

表 1.5 体育素养概念的内涵属性

序 号	对体育素养内涵的主要阐述
1	体育素养可以被描述为通过动机去利用先天的运动潜能以提高生活质量的一种生命过程,所有人都能具有这种潜能。但是,它的具体表现取决于个人对整体能力的选择,尤其是运动潜力,并且这种潜力的表现取决于他们所处的文化环境。
2	在不同的、具有体能挑战的环境下,具备体育素养的人将能够自如稳定、经济和自信地运动。
3	具备体育素养的人能够敏感地"阅读"外界物理环境,预测运动需要的条件或可能性,并且机敏而富有创造性地进行应答。
4	具备体育素养的人在生活中具有成熟的具身性(Embodied Capability),并善于与外界环境进行交流互动,两者一起将对自尊和自信产生积极的作用。
5	对具身性的敏感和认知能够促使具备体育素养的人通过非语言性的交流来表达自我、了解他人并与其产生移情互动。
6	具备体育素养的人能够识别并解析运动的性质和效果,以理解关于健康的一些原则,如锻炼、睡眠和营养的基本原理。

随着体育素养理论研究的推进,其实践研究也在逐步推行,加拿大和美国的相关研究居于世界领先水平。2008 年,由加拿大健康生活和肥胖研究中心 Tremblay 教授负责牵头,联合 10 余个科研机构,邀请全球相关领域的专家,共同开发了加拿大体育素养测评(The Canadian Assessment of Physical Literacy,CAPL),并于 2012 年进行了修订。新版 CAPL 的理论模型分成 4 个维度:日常行为、身体能力、动机和信心、知识和理解,分别占 32%、32%、18% 和 18% 的权重。其中,日常行为维度是最为重要的部分,覆盖了其他 3 个维度。CAPL 由现场测试、问卷调查和跟踪测试 3 种方法共同组成,其测评结果由低到高分为初始级、发展级、完成级和优胜级,并根据不同年龄制定评分细则。除日均步行量外,其余指标可在 60 分钟内完成测量。但是,CAPL 仅适用于 8~12 岁的健康儿童青少年,存在一定局限性。此外,加拿大青少年体育素养测评体系(The Physical Literacy Assessment for Youth,PLAY)和"生命护照"等体育核心素养测量工具也各具特色。PLAY 适于 7 岁以上青少年,包

[①] 任海.身体素养:一个统领当代体育改革与发展的理念[J]. 体育科学,2018(3).

含专业版、专业基础版、自测问卷版、父母版、教练版和自测清单版共六种测试工具,既可单独使用又可组合使用。[①]"生命护照"测评体系的对象为幼儿园至12年级基础教育阶段学生,包括部分年级的残障青少年,其测评模块包含参与意识、生存技能、体能和运动技能四个部分,不同学段的测评内容和指标略有差异。[②]

可见,无论动商还是体育素养,都是与身体健康、智力健康、心理健康密切相关的素质。因此,我们可以将其理解为整体健康的重要成分。

二、影响健康的主要因素

影响健康的主要因素,又称健康决定因素(Determinants of Health),是指影响和决定个人和人群健康状态的各种条件变化。1974年,加拿大卫生与福利部部长马克·隆迪以"健康场"的概念(Health Field)替代传统的"所有健康改善都来源于医学"的狭隘观点,提出影响人类健康的因素主要包括人类生物学(Human Biology)、环境(Environment)、生活方式(Lifestyle)和医疗卫生服务(Health Care Organization)4个方面。近年来,有学者提出人类长期进化历程也是当前肥胖等慢性非传染性疾病高发的重要因素。

(一)人类生物学因素

通常将遗传、病原微生物、个人生物学特征等统称为影响健康的人类生物学因素。其中,最重要的影响因素是遗传。人类健康的15%~20%取决于遗传,遗传因素不仅会直接引起近3000种遗传疾病和人类遗传性缺陷(超过人类疾病总量的五分之一),还与糖尿病、高血压、肿瘤和许多常见精神性疾病密切相关。此外,细菌、病毒、支原体等各种病原微生物在体内生长繁殖,会引起变态反应或通过其代谢产物干扰和破坏人体组织细胞的正常活动,损害组织器官,造成某些生理功能障碍,严重影响人体的健康水平,甚至导致死亡。性别、年龄、体格特征等个人生物学特征也在直接或间接地影响着个体的健康

---

① 赵雅萍,孙晋海. 加拿大青少年体育素养测评体系 PLAY 解读及启示[J]. 首都体育学院学报,2018(2).

② 赵雅萍,孙晋海. 加拿大青少年体育素养测评体系"生命护照"研究及启示[J]. 成都体育学院学报,2018(4).

水平。

(二)环境因素

影响健康的环境因素主要包括自然环境和社会文化环境,人类健康的20%~25%取决于环境状况。自然环境包括阳光、空气、水、气候和公共设施等方面,这些因素直接影响着人的行为和健康。社会文化环境包括社会制度、法律、文化、教育、经济等方面。社会制度、法律法规等会影响到与健康相关的政策保障、资源保障和人权维护;社会文化会影响人们的健康意识、行为习惯和伦理道德;经济决定着与衣、食、住、行、娱乐等相关的健康因素;教育可以强化人类对疾病与健康的认知,引导人们建立健康的观念,养成健康的行为习惯。

(三)生活方式因素

生活方式因素指个体或群体的一系列生活观念、生活态度、生活习惯等,具有累积性和广泛性,与社会文化相互影响。人类健康的50%~60%取决于生活方式,良好的生活方式是人类健康长寿和快乐幸福的重要保障,而不良的生活方式则是影响人类健康和生活质量的最主要因素。例如,抽烟、过分饮酒、暴饮暴食,过多的高脂、高糖饮食等不健康的饮食习惯,长期熬夜、看视频时间过长等不健康的生活方式,长时间坐姿学习、缺少体力活动等不健康的行为方式,同学关系疏远、以自我为中心、对周围的事情漠不关心等不健康的情感生活方式,以及攀比、过分的物质追求等心理,都是严重影响人类健康的不良生活方式。其中,静态生活方式特指那些以睡、躺、坐、站等低耗能行为为主要特征的缺乏运动的体力活动形态。科学研究发现,静态生活方式导致体力活动不足是慢性非传染性疾病的独立性危险因素。

(四)医疗卫生服务因素

医疗卫生服务指的是由卫生机构和卫生专业人员向个人、群体和社会提供必要服务的活动过程,这些活动以防治疾病、增进健康为目的,以各种医疗卫生资源为手段,有时还具有明确的计划性。人类健康的10%~15%取决于医疗卫生服务因素,完善的医疗网络、健全的卫生服务机构、大量的卫生经济投入等都可影响人体的健康水平。这些因素还有助于提升婴儿早期健康状况,增强青少年生长发育,向个体传授健康生活方式,协助其建立良好的卫生习惯，为提高成年时期的健康水平打下基础。

　　1990年，埃文斯等在"健康场"概念的基础上进一步提出了健康决定因素模型，又称健康场模型（Health Field Model），作为在群体水平上研究健康决定因素的理论框架（见图1.4）。[①] 1994年，著名健康体适能学者鲍查德等建立了"体力活动、健康体适能与健康因果关系模型"（见图1.5），该模型阐明了体适能在体力活动与健康之间的桥梁作用，从而成为健康体适能理论的重要科

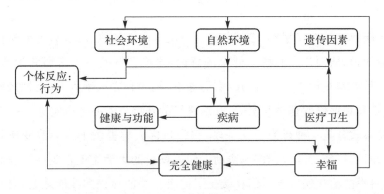

图1.4　健康场模型

学基础。以上模型均表明个人的健康受到自然环境、社会环境、遗传因素、个体行为和医疗卫生服务等多重因素的影响。任何旨在改善人群健康的行为和措施都应全面考虑这些因素的作用。

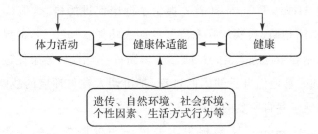

图1.5　体力活动、健康体适能与健康因果关系模型

---

　　① 　Evans R G，Stoddart G L. Producing health，consuming health care［J］. Social Science & Medicine，1990(12).

三、健康教育与健康促进

（一）健康教育

健康教育是通过教育活动向目标个人或目标人群传播健康知识的一个过程。1988 年第 13 届世界卫生大会提出：健康教育是一门研究如何传播保健知识和技术，影响个体和群体行为，消除健康危险因素，从而预防疾病、促进健康的科学。

健康教育具有计划性、组织性和系统性，具有多种形式，其主要途径是传播健康知识，从而让人们树立健康的意识，养成良好的行为习惯和生活习惯，其研究重点是知识传播和行为改变的理论、规律和方法手段，以及社区教育的组织、规划和评价的理论与实践，其最终目的是提高人的生命质量。

健康教育是一种行为干预手段，它为目标人群提供了行为改变所必需的理念、知识、技能、方法与服务，协助人们以积极的生活态度正确面对身心健康问题，科学防治疾病。当人们在接受了健康相关的知识和技能之后，会自觉去纠正不良观念和生活行为习惯，而这种改变的持久性与学习者的主动参与程度成正比。此外，人际环境、文化环境及物质环境的改善都可以在很大程度上提高健康教育的效果。

（二）健康促进

1945 年 Henry E Sigerist 首先提出了健康促进的概念，他认为医学具有健康促进、疾病预防、疾病治疗和康复的四大功能。1986 年，世界卫生组织召开了首届国际健康促进大会，并在《渥太华宪章》中指出：健康促进是促使人们提高、维护和改善他们自身健康的过程，是协调人类与环境的战略，它规定个人与社会对健康各自所负的责任。

1996 年，Hamilton N 等提出人群健康与健康促进的综合模型（见图 1.6），将影响健康的因素、健康促进的关键策略和采取行动的客体分别放在立体模型的正面、侧面和上面。通过三个角度，我们可以知道应当在哪些方面采取行动、应当如何采取行动、应当对谁采取行动。该模型从三维立体的角度，形象阐释了健康促进的对象、内容与策略。[1]

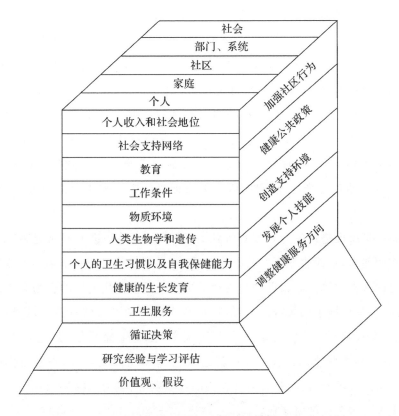

图 1.6　人群健康与健康促进综合模型

　　2000 年 6 月,世界卫生组织前总干事 Brundland 在第五届全球健康促进大会上明确指出:健康促进就是要使人们尽一切可能让他们的精神和身体保持在最优状态,其宗旨是使人们知道如何保持健康,在健康的生活方式下生活,并有能力做出健康的选择。可见,健康促进的内涵远远超出了健康教育的范畴,它明确要求调动社会、政治和经济的广泛力量,积极改变影响人们健康的社会和物质环境条件,不断促进人们维护和提高他们自身健康的过程。

---

　　[1]　Hamilton N,Bhatti T. Population health promotion:an integrated model of population health and health promotion[R]. Ottawa:Health Promotion Development Division,Health Canada,1996.

健康促进并非一朝一夕的工作,而是需要个人和集体共同努力,通过长期的良好生活习惯来实现。部分学者采用"HELP"理论来阐述了健康促进的含义。"HELP"由 Health、Everyone、Lifetime 和 Personal 4 个英文单词首字母组合而成。Health 表示健康的目标与追求,这里的健康既包括身体健康,又包括智力、精神、情绪、社会交往等方面的健康;Everyone 指每一个人都要认识到健康的重要意义,都需要参与到健康促进工作之中,对周围的人产生积极的影响;Lifetime 指健康促进工作需要持之以恒,通过养成良好的生活行为习惯来维持,时间越长则越能凸显出健康促进的效果;Personal 是指人与人之间存在个体差异性,因此健康促进的方法与手段需因人而异,不可完全统一化。

我国健康促进研究专家傅华等认为:健康促进是增进人们对健康决定因素的控制能力,从而改变人们健康的过程。[①] 吕东旭等又进一步阐述了体育健康促进的含义:"体育健康促进是指利用体育手段来优化人们的行为和生活方式的过程,是根据不同人群的生理特点,科学选择和参与体育活动,达到增强体质、控制疾病的发病率、改善慢性病状态、提高生命质量、延年益寿的作用。"[②]沈际洪教授指出:"健康促进就是主观、客观齐动员,努力把健康推向文化的层次来理解和运作,整合多种相关的优质资源、全力从物层、心层、心物接合层上去促进全民健康事业。"

(三)体力活动促进

鉴于体力活动不足与静态的生活方式已成为公共卫生领域面临的重大问题,国内外学者都开展了大量体力活动促进(Physical Activty Promotion)研究与实践。体力活动促进是健康促进工作的一个部分,国内应用健康促进理论开展的体力活动促进研究主要集中在最近 20 年。2003 年傅华等著的《现代健康促进理论与实践》采用一定篇幅阐述了相关理论,后续的《锻炼心理学》(司琦,2008)、《健康促进理论与实践》(郑频频,2010)和《体力活动与健康促进》(李红娟,2012)等著作对此进行了更系统的阐述,但这些论著均未对体力活动

---

① 傅华,李枫.现代健康促进理论与实践[M].上海:复旦大学出版社,2003.

② 吕东旭,张明伟,李建国.建设健康城市的体育健康促进目标体系研究[J].中国体育科技,2007(1).

促进进行明确的界定。根据国内外学者的研究,本书认为体力活动促进可理解为在健康促进理念下的体力活动研究与干预工作。早期的青少年体力活动促进主要目的是控制青少年超重肥胖,随着研究的深入,青少年体力活动促进的目标逐步发展为全面提高青少年的健康水平。

第二章　体力活动与青少年健康

人生最初 20 年可划分为 3 个同时进行并相互影响的特殊阶段:正常的生长发育阶段、生物学成熟阶段和行为发展阶段。体力活动是人的基本行为,要建立科学的青少年体力活动促进模式,首先必须深入了解青少年的生长发育规律,并全面认识体力活动对青少年健康各种要素的影响。因此,本章主要阐述儿童青少年体力活动与生长发育之间的相互关系,为青少年体力活动促进工作的有效开展提供理论依据。

第一节　青少年生长发育概述

一、青少年时期人体的生长发育

(一)身体形态的生长发育

1. 身高

在整个生长发育期间,大多数器官、系统有两个生长突增高峰,第一个突增期在胎儿期,第二个突增期在青春期(女孩开始年龄是 10~12 岁,13~15 岁结束),男孩开始年龄和结束年龄相应比女孩晚两年。以身高为例,第一次生长突增高峰是在胎儿中期(4~6 个月),3 个月内共约增加 27.5cm,约占整个胎儿期急增长量的二分之一,是人体一生中增长最快的阶段。出生后,增长速度开始减慢,直到青春早期开始又出现第二次生长突增,这时身高年增率一般为 3%~5%,年增值一般 5~7cm,个别可达 10~12cm,约 3 年以后,生长速度又减慢,直到女 17 岁左右、男 22 岁左右,身高基本停止生长。

2.体重

体重可以反映一个人肌肉和内脏器官的发育,是反映一个人发育好坏的标志之一。体重的增加存在性别差异,在 10 岁之前,男女生体重差异不大,10岁之后,由于女生率先进入快速发育期,体重增加比男生快,两年之后男生进入快速发育期,体重增加的速度后来居上。这段时期内,青少年体重年增加率一般为 10%～14%,年增值一般 4～5kg,个别可达 8～10kg。去脂体重的增长趋势与身高相似,主要在青春期激增,而脂肪量的增长基本与年龄保持一致。体脂百分比在儿童期增加,男生在青春期降低,而女生在青春期则一直保持一个较慢的速度增长,主要是因为男孩的去脂体重较大。

3.BMI

BMI(身体质量指数)的计算方法是"体重/身高^2"(单位:kg/m^2)。BMI 在婴儿和儿童早期呈下降趋势,在 5～7 岁时达到最低点,在儿童后期及青春期一直上升。由于女生第二次生长突增较男孩开始早,故在 10 岁左右,男、女的发育曲线出现第一次交叉,交叉前一般是男生的水平稍高些,交叉后变为女生发育水平超越男生;到 12～13 岁,男生第二次生长突增开始,而此时女生的生长速度已经开始减慢,故男生的发育水平开始超越女生,使生长曲线呈现第二次交叉。而且,由于男生突增期间的增长幅度较大,生长时间持续较长,故到成年时绝大多数身体形态和生理机能指标均高于女生。

4.骨骼

(1)骨骼的数量与成分。成年人的骨骼由 206 块骨组成,分为头颅骨、躯干骨、上肢骨和下肢骨四大部分。由于儿童少年时期的骶骨、尾骨和髋骨尚未闭合,所以骨的数量比成年人多,一般为 217～218 块。儿童青少年的骨中含有机物较多,无机物较少,两者的比例约为 1∶1。因此,儿童骨的弹性大而硬度小,不容易骨折而容易变形,不正确的姿势很容易造成骨的畸形,如驼背、脊柱侧弯等。

(2)骨骼的生长。青少年骨骼的最大特点是正处在生长变化中。长骨依靠软骨的增殖和钙化,骺软骨的内部连续增加、变大,同时伴有有钙盐积累,导致骨骼越来越长。随着年龄的增长,骺软骨的增殖速度逐渐减慢,而钙盐的沉积速度越来越快。青春期结束后,骺软骨的钙盐沉积速度大于软骨细胞的增殖速度,使骺软骨完全骨化,只留下一条线状痕迹。至此,骨骺与骨干完全融合在一起,骨骼的长度不再增加。

青少年各骨骼完成骨化的时间不完全一致。一般说来,活动频繁、支撑负重较大的骨骼完成骨化的时间较早,如腕骨、髌骨和跗骨等,而椎骨完成骨化的时间较迟,女生比男生完成骨化的时间早 1~2 年。根据这一特点,青少年在体育运动与形体训练时必须合理地选择练习方法,安排适宜的负荷量。需要注意的是,儿童关节的伸展性和活动范围都大于成年人,但关节的牢固性相对较差,在用力过猛或不慎摔倒等情况下可能会使关节头从关节窝中脱离,造成脱臼。

(二)身体机能的生长发育

1.内分泌腺的机能

青少年内分泌腺的功能非常活跃。内分泌系统是机体的重要调节系统,以体液形式进行调节,主要起着调节新陈代谢、内环境的动态平衡、机体的应激性、个体的生长发育和生殖等作用。人体一些重要的内分泌腺,如垂体、甲状腺、肾上腺、胰岛和性腺等,都在青春期大量分泌高效能的生物活性物质,这些物质对它们各自靶器官中的细胞代谢过程进行调节,以保证机体的各种组织和器官能够顺利地生长、发育和成熟。例如,垂体分泌的生长激素是促进生长最重要的激素,儿童青少年在两个生长高峰期的垂体分泌机能十分活跃。儿童在熟睡后 60~90 分钟,生长激素分泌量占全天的生长激素分泌总量的 $1/2$~$3/4$,青春期昼夜都分泌生长激素,24 小时分泌量剧增到 $690\mu g$,分泌量为儿童期的 7~8 倍。

2.心肺的发育

(1)循环系统。儿童阶段正处于生长发育时期,新陈代谢旺盛,交感神经的兴奋性较强,他们依靠加快心率的方式来满足旺盛的新陈代谢需要。到 12 岁时,青少年心脏的大小已接近成人水平。随着年龄的增大和心脏活动的加强,青少年的心肌纤维增多、增粗,心脏的收缩功能也逐渐加强,心输出量增加,并且迷走神经的兴奋性逐渐提高,对心脏活动的抑制能力增加,心率逐渐减慢。由于儿童的年龄较小,血管的内径也相对较宽,血液水分较多,血液在血管中流动的阻力较小,因而血压较低。随着年龄的增大,血压逐渐上升。儿童血液量与体重的比例大于成年人,毛细血管内腔大于成年人,因此儿童青少年外周血管里的血量比成年人多,对儿童少年身体的生长发育、体力恢复及创伤愈合都有益处。

(2)呼吸系统。肺的结构在 7 岁时就已经发育完成,但是肺泡的数量少,肺的弹性组织发育比较差。大约 12 岁时,肺的重量可以达到 390～500 克,是出生时的 9 倍,在 12 岁左右肺的重量迎来了快速发展时期,肺的横径和纵径又先后增大,肺泡的体积扩大。随着肺容量逐渐增大,青少年的呼吸频率逐渐减慢,肺活量不断上升,10 岁时呼吸频率约为 17～22 次/分,成年人约为 15～18 次/分。7 岁儿童的肺活量约为 1000～1400ml,11 岁能达到 1800～2000ml。一般在 12 岁以前,男女儿童肺活量的差异不是很大。13 岁以后,男女肺活量的差异开始显著,青春期的男孩肺活量明显高于女孩,到成年后,其差异可以达到 1000ml。此外,儿童的气管和支气管的管腔比成年人的狭窄,抗病能力较差,进入青春期后,呼吸道增粗和增长,黏膜抗病能力加强。

(三)身体素质的生长发育

(1)速度。青少年的速度在 10～13 岁增长最快,具有明显的性别和年龄特征。男生在 19 岁前速度随年龄的增加而增加,在 20～22 岁达到高峰。女生速度素质的发展呈双峰形态,在 13 岁以前速度随年龄的增加而提高,在14～17 岁增速放缓,出现第一个高峰,到 21～22 岁又出现第二个高峰。

(2)力量。儿童的骨骼肌间质组织较多,肌肉内含水分较多,蛋白质和无机物较少。因此,儿童肌肉较柔嫩,富于弹性,肌纤维较细,肌力较弱。如 12 岁男生握力约为 25.2 千克,15 岁时约为 36.4 千克。随着年龄的增加,肌肉中的水分逐渐减少,有机物和无机物的含量逐渐增多,肌肉的重量和肌力也会不断增加。儿童和青少年的肌肉生长速度总是落后于骨骼的生长,在青春期,骨骼迅速生长,肌肉长度也同步增长,结果导致肌纤维细长但无力。青少年力量素质的发展特点是,男生在 16 岁以前快速增加,16 岁以后增速放缓,22～23 岁达到峰值。而女生在 13 岁前快速增加,随增速放缓并有下降趋势,16 岁左右又开始回升,18～22 岁达到峰值。

(3)柔韧。儿童青少年的柔韧素质在发育过程中逐渐下降,年龄越大柔韧性越差,这是因为儿童青少年的骨骼弹性较好,关节活动度大。通常,13 岁以前是柔韧性最好的阶段,13 岁以后柔韧性加速下降。因此,要保持较好的柔韧性,需要在儿童时期就进行相应的锻炼,不宜在 13 岁以后才开始练习。

(4)耐力。儿童肌肉中能源物质(如糖原),储备较少,毛细血管数量也较成年人少,肌肉颜色浅,加之神经调节方面的原因,所以儿童肌肉的耐力差,肌肉容易疲劳。但是,由于儿童的新陈代谢作用旺盛,供氧充足,因此疲劳后恢复也很快。随着年龄的增加,心血管机能和运动系统的发育逐渐成熟,耐力水平明显提高,至 20 岁左右达到峰值,之后逐渐下降。

(5)灵敏。在青少年肌肉发育过程中,大肌肉群发展早于小肌肉,躯干肌群发展早于四肢肌群,上肢肌群发育比下肢肌群快,屈肌比伸肌发展快。通常,8~12 岁的时候,动作逐渐地准确、灵巧和多样化。到 15 岁以后,细小肌肉迅速地发达起来,细小动作(如编织等)也随着准确起来。可见,整个青少年阶段对灵敏素质的培养都非常重要。

二、青少年的生长发育特点

(一)成长的阶段性和持续性

成长是一个不断积累最终达到质变的连续过程。通常在几个相近的年龄段,个体生长发育具有相似的特点,从而形成了不同的发育阶段。人体生长发育速度并不是一成不变的,而是呈快慢交替、曲线波浪形节奏。从胎儿期到成熟期,大多数器官系统都经历了两次发育突增期。其中,男孩第二个突增期的开始年龄和结束年龄约比女孩晚两年。

生长发育的每个时期、每个部分都是有序发展的,有自己的固定流程,不能逾越。前一部分的发育结果一定是后一部分成长的前提,每个时期产生的阻碍都会对后面的发育有不同程度的制约。随着生长发育的进行,机体对营养物质的代谢吸收能力也发生变化,逐渐达到机体全面发展的目的。

(二)生长发育速度的不对等性

在儿童青少年的生长发育过程中,身体各部分生长发育达到高峰及结束时间具有先后顺序,下肢发育早于上肢,四肢发育早于躯干,呈自下而上、从外端到中心的"向心性"生长发育规律。身体各部分发育结束年龄大约为:手在 15 岁左右、足在 16 岁左右、下肢在 20 岁左右、躯干在 21 岁左右。上肢突增的顺序为:手、前臂、上臂;手部骨骺的闭合顺序为:指骨末端、中端、近端、掌骨、腕骨、桡骨、尺骨近端;下肢突增顺序为:足、小腿、大腿、骨盆;躯干的突增顺序为:胸、肩、躯干、胸廓。

(三)各系统生长模式的时间顺序性及统一协调性

在人体生长发育的过程中,各组织器官的生长模式在时间进程上有所区别,整个身体各个系统生长模式在时间的表达上并不一致,但又是相互统一协调的。大致可归为以下 4 类:

(1)一般型。以体格形态发育的模式为代表,包括全身的骨骼、肌肉及多数内脏器官及血流量等。这些组织器官的发育呈两个突增期,分别是初生阶段和青春前期。

(2)神经系统型。脑、脊髓、视觉器官及反映脑大小的头围、头径等与神经系统密切相关的组织器官的发育只有第一个突增期,不具备第二个发育突增期,因此儿童阶段对这些器官系统至关重要。

(3)淋巴系统型。淋巴结、胸腺等淋巴组织在 10 岁之前生长非常迅速,12 岁左右已远超成人的水平。随着其他系统的发展和免疫功能的完善,淋巴系统逐渐萎缩衰退。

(4)生殖系统型。生殖系统的发育是在进入发育初期(即第二突增期)之后才逐渐快速增长的,在之前的 10 年没有明显的发育。但是生殖系统开始发育并不表明生殖系统已经发育成熟,例如 18 岁左右卵巢才达到成熟时的重量,月经初潮后经过几个月或 1 年多,才能周期性排卵。

(四)生长轨迹现象和生长关键期

由于人体的生长发育潜力及各组织器官发育的顺序受遗传基因的控制,全身各部位的生长规律会有自己的轨道。当疾病、营养不良或体内激素缺乏制约了生长速度时,如果及时采取针对性的措施加以克服,就会出现向原有生长曲线靠近的倾向,大部分儿童可迅速调整到原有的轨道上,这被称为生长轨迹现象。然而,并非所有的身体恢复过程都可以被调整到正常的生长轨迹。

人体许多重要组织和器官都有关键生长期,在该时期细胞的生长方式是以增生为主,如果在此期间的正常发育受到干扰,可能产生不可恢复的伤害,影响身体各部位的生长进程,甚至残存为永久性缺陷或功能障碍。器官受损后能否完全恢复并继续生长,常取决于伤害的性质和程度、伤害发生和持续的时间。年龄越小不利因素的作用时间越长,所造成的影响就越大。

例如青少儿时期,如果某些内分泌腺发生疾病(如甲状腺分泌不足),或营养不良,血液中的钙、磷不足等,都会影响骨骼的生长发育。相反,如果纠正了问题的根源,如通过良好的营养搭配改善骨骼的内部循环,增强骨骼内部结构的供给,使骺软骨生长水平提高,就可促进骨骼发育。

(五)生长发育包括生理发育和心理发育

在生理各器官系统发育的过程中,儿童青少年的心理也经历了一个快速发展过程。心理发育以生理发育为基础,儿童青少年的心理发育水平与神经系统的发育相协调,也受其他系统发育的影响。同时,心理的发展也会影响到生理的发育。所以,生长发育包括生理发育和心理发育两个方面,生理发育和心理发育是两个协调发展、相互依存、密不可分的过程,所有生理发育的干扰因素也必将会影响到心理的发展。

第二节　我国青少年健康现状与发展趋势

我国对青少年进行的大样本量体质健康测试始于 1979 年,在 1979 年、1980 年间我国对 16 个省 18 万余学生进行了多项形态和机能指标的测试。随后,我国又在 1985 年、1991 年、1995 年、2000 年、2005 年、2010 年、2014 年等年份组织了全国性的体质健康测试。学生体质健康测试为我国青少年健康促进工作提供了丰富的数据,为青少年体力活动干预工作提供了思路。目前,我国学生体质健康测试已经成为每年学校体育工作的重要内容。根据近 30 年的学生体质健康测试数据,我们可以总结出青少年的体质健康现状及发展趋势。2014 年在全国 31 个省(区、市)中抽测 7~19 岁儿童青少年(学生)308725人,是近期最大的一次全国性体质监测,各项体质指标的平均数见附录二。2016 年中国学龄儿童青少年体力活动和体质健康研究(Physical Activity and Fitness in China—The Youth Study,PAFCTYS)样本量达 171991 人,是距今最近的一次大样本量全国性儿童青少年体质健康与体力活动水平监测。[①] 上述学生体质监测工作揭示了我国当前青少年体质健康呈现以下几个发展趋势。

一、形态发育水平持续提高

从 1985 年以来,我国青少年的身高、体重、胸围等生长发育指标持续上升,尤其在 7～12 岁年龄段学生中最为明显。以身高为例,1985 年 18 岁城市男生平均身高仅为 169.7cm,2010 年上升至 172.2cm,农村 18 岁男生的身高也从 166.8cm 上升至 170.7cm,2014 年全国 18 岁男生平均身高增长到 172cm(未区分城市和农村);1985 年城市和农村 18 岁女生的平均身高分别为 158.2cm 和 156.1cm,2010 年增长到 159.9cm 和 158.5cm,2014 年全国 18 岁女生平均身高继续增长到 159.4cm(未区分城市和农村)。此外,随着生活水平的提高,青少年身高、体重和胸围等生长发育的突增期也比 30 年前的青少年提前了 1～2 年。

二、肺活量止跌回升

从 1985—2005 年的五次体质健康数据可知,青少年肺活量水平持续降低,肺活量/体重指数也同步下降,2005 年男生、女生肺活量水平跌至谷底,较 1985 年下降了 400～600ml。2010 年的测试结果表明,青少年肺活量较 2005 年有所提高,不同年龄学生的提高幅度存在一定差异,男生提高幅度大于女生,大学生提高幅度最大,2014 年测试结果显示青少年肺活量数据呈继续上升的趋势。

三、身体素质有升有降

1985—2005 的 20 年间,我国青少年的速度、耐力、柔韧性、爆发力等身体素质持续下降。2005 年的身体素质指标中,仅握力较 2000 年有所提高,其他

---

① Chen P. Physical activity, physical fitness, and body mass index in the Chinese child and adolescent populations: an update from the 2016 Physical Activity and Fitness in China—The Youth Study[J]. Journal of Sport and Health Science, 2017(4).

指标均显著下降。2010年,青少年身体素质开始止跌回升,7～18岁中小学生爆发力、柔韧性、力量、耐力等身体素质指标持续下滑趋势开始得到遏制,但是大学生身体素质仍呈下降的状态,只是下降速度趋缓。2014年测试结果表明,中小学生速度、柔韧、力量、耐力等身体素质继续较2010年呈现稳中向好趋势,但大学生身体素质继续下降。大学生在20岁左右的身体素质发展阶段反而出现了身体素质下降,这种现象被称为大学生身体素质发展的"20岁现象"。2016年PAFCTYS数据表明,仅5.95%的儿童青少年体测达到"优秀"水平,25.8%达"良好"水平,59.9%处于"达标"水平,约8%未达标。

四、营养不良下降,但超重肥胖率持续上升

2014年测试结果表明,城乡学生营养不良检出率进一步下降,且基本没有重、中度营养不良。但是,青少年超重肥胖率上升成为一个棘手的问题。

2010年,我国城市男生、城市女生、农村男生、农村女生肥胖检出率分别为13.33%、5.64%、7.83%、3.78%,比2005年分别增加1.94%、0.63%、2.76%、1.15%;超重检出率分别为14.81%、9.92%、10.79%、8.03%,比2005年分别增加1.56%、1.20%、2.59%、3.42%。2014年,各年龄段学生肥胖检出率又较2010年有所上升,城市7～12岁男生的肥胖率增长尤其明显,其肥胖率已经超出了世界卫生组织界定的安全临界点(即10%)。2016年抽样监测的116615个数据显示,我国儿童青少年整体超重率为14.4%,肥胖率为11.9%。

五、视力不良检出率居高不下,呈低龄化特征

2010年测试结果表明,我国7～12岁小学生视力不良率为40.89%,是2000年该指标数据的两倍;13～15岁初中生视力不良率为67.33%,较2000年提高了近20%;16～18岁高中生视力不良率为79.20%,较2000年提高了约8%;19～22岁大学生视力不良率达到84.72%,比2005年提高了约2%。其中,小学生视力不良检出率迅速增长。2014年全国学生体质健康调研结果表明,视力不良检出率仍然居高不下,继续呈现低龄化倾向。其中,北京市的报告显示,从2009—2010学年到2012—2013学年,北京市中小学生视力不良

检出率从 59.96％增加到 62.96％,小学阶段的视力不良检出率已经达到
49.77％,其中小学一年级为 33.75％;中学阶段为 81.19％,初中一年级为
72.23％,高中三年级高达 88.79％。

六、心血管疾病症状逐渐低龄化

儿童代谢综合征中国工作组 2010 年对我国北京、天津、杭州、上海、重庆
和南宁共 6 个城市 22071 名 7～16 岁儿童青少年进行的肥胖和代谢综合征
(Metabolic Syndrome,MS)调查表明,高血糖比例为 6.8％;MS-CHN2012 标准下
学生高血压的患病率达 11.3％,高甘油三酯比例为 12.1％,胆固醇代谢异常率
为 18％,MS 患病率为 2.4％;MS-IDF2007 标准下学生高血压的患病率达 6.3％,
高甘油三酯比例为 7.1％,胆固醇代谢异常率为 15.3％,MS 患病率为 1.4％。[①]

第三节　体力活动对青少年健康的影响

一、体力活动的健康促进效益概述

体力活动对健康的促进作用已得到广泛证实,但体力活动与部分健康指
标的量效关系还不够明确(见表 2.1)。一般而言,长时间中高强度有氧运动对
健康的各个维度都普遍具有益处,尤其对心血管系统疾病、超重肥胖等具有显
著的防治作用,力量锻炼则对肌肉、骨骼的发育与维持有益。近年来大量研究
发现心血管疾病呈低龄化趋势,这与青少年体力活动不足密切相关。

表 2.1　体力活动与健康的量效关系[②]

指　标	证据强度	一致结论
全因死亡率	中	线性负相关
冠心病与血管疾病	中	与发病率和死亡率线性负相关

① 儿童代谢综合征中国工作组. 中国六城市学龄儿童代谢综合征流行现状研究[J]. 中华儿科杂志,2013(6).
② 李红娟. 体力活动与健康促进[M]. 北京:北京体育大学出版社,2012.

续表

指　　标	证据强度	一致结论
血压	高、非常高	50%～70%最大摄氧量强度有益,无明显的量效关系
血脂	中、高	50%～80%最大摄氧量强度有益,无明显的量效关系
凝血因子	非常高	无量效关系证据
超重/肥胖	中、高	控制饮食4个月以下体重持续线性减轻 控制饮食6个月以上无量效关系
Ⅱ型糖尿病	中	负相关
骨质疏松	非常高	体力活动可延缓绝经后骨量减少,有量效关系证据
癌症	中	与结肠癌负相关
抑郁	中、高	无量效关系证据

二、体力活动对青少年身心健康的影响

(一)体力活动对青少年心血管适能的影响

1. 生理机制

长期体力活动对青少年心血管适能的影响具有以下生理基础:

(1)体力活动使心肌增厚,收缩力增强,从而改善心功能,增强血管弹性。一般认为体育锻炼可加大心脏容积和心脏收缩力,使每搏输出量增加,从而提高人体有氧工作能力。锻炼使全身血流量改善,心输出量增大,减少了血管壁胆固醇、脂肪等代谢物质的沉积,血管弹性得以改善。

(2)体力活动可促进肺的发育,降低呼吸频率,增大肺活量,增强呼吸运动机能。长期体力活动可使肺容积增大,肺功能相应得到提高。体力活动时,肌肉活动产生大量的二氧化碳,刺激呼吸中枢,使呼吸加深加快,使肋间肌、膈肌等呼吸肌得到锻炼,对肺活量的提高具有明显的促进作用。

大量研究证实,青少年时期心肺功能下降、肥胖等是成年期心血管疾病的重要危险因素。有研究指出,成年期代谢综合征与心血管疾病存在高度相关,而心血管疾病的病因又与儿童青少年时期的生活方式及健康状况密切相关,如果早期能够有健康的生活方式,成年期心血管疾病的患病率将显著降低。因此,青少年时期就应该加强体力活动,这对预防成年时期的心血管疾病具有

重要意义。

2. 相关研究现状

在对青少年体力活动与心血管适能关系的研究中,大部分文献不仅对两者间是否存在量效关系进行了分析,还比较了运动与不运动青少年之间的心肺水平差别,这些研究主要通过台阶实验、功率自行车、20米往返跑和平板试验等方法来评价青少年心肺健康水平。

实验性研究广泛证实5～18岁儿童青少年均可通过体力活动提高心肺健康水平,无论是在青春期前还是在青春期中,通过体育锻炼都能促进其心肺健康,最大摄氧量可提高5％～15％。Ara及其同报道,在参加正常的体育课之外,每周额外进行3次课外体育活动的男孩明显具有更好的有氧能力。Ara还另外对42名平均年龄9岁的男孩子进行体力活动评估,并随访3年,男孩子被分成体力活动组(除体育课外,每周至少进行3小时的课外活动)和少活动组(仅上体育课),用20米往返跑来评价心肺健康水平。通过3年的随访观察,体力活动组男孩的心肺健康水平保持不变,而少活动组男孩的心肺机能显著下降,提示在学校体育课之余额外参与体力活动对青少年心肺健康具有促进作用。Dollman及其同事对久坐人群和参加中高强度体力活动的人群进行测试,结果显示:无论男孩还是女孩,每天60分钟以上中高强度运动对心肺功能均有促进作用,且参加体力活动水平越高其心肺健康水平也越高。

综上所述,儿童青少年的体力活动与心肺健康之间存在明确的关系。相关文献中最常见的心肺耐力锻炼方式是有氧运动,如跑步、自行车、器械锻炼、爬楼梯、篮球和快步走等,最常见的运动处方为每周1～5天,每天持续20～60分钟,70％～90％的最大心率强度。

(二)体力活动与青少年身体成分的关系

1. 生理机制

(1)体力活动可增加能量消耗,调节能量平衡。超重肥胖的根本原因是能量正平衡,而体力活动的能量消耗是静坐的几倍到几十倍,可显著提高脂肪组织的脂解作用。有研究显示,长期规律体力活动还可提高安静状态下的代谢水平,增加睡眠时段的能量消耗。

(2)体力活动可改善脂代谢,减少体脂百分比。体力活动水平越高,身体脂肪含量越少。各种形式的体力活动都可以促进脂肪的燃烧,在长时间中等强度有氧运动中脂肪供能的比例最大。长期规律的运动训练可影响体内脂肪酶的分配,运动员利用脂肪的能力和骨骼肌中脂蛋白脂酶(LPL)活性均高于无训练或体力活动水平低者,但停训后脂肪组织中 LPL 酶增加,骨骼肌中 LPL 酶减少。持续规律的有氧运动可增强脂解酶活性,降低血胆固醇(TC)、甘油三酯(TG)、低密度脂蛋白(LDL-C)和 Apo B 水平,升高高密度脂蛋白(HDL-C)和 Apo AL 水平,有效预防高脂血症。

(3)体力活动可调节瘦素(Leptin)的表达。瘦素一种由脂肪组织分泌的激素,它可参与糖、脂肪及能量代谢的调节,促使机体减少能量摄入,增加能量消耗,抑制脂肪细胞的合成。体重正常或肥胖个体经过长期体力活动后,血浆瘦素浓度均有不同程度下降,而瘦素含量与体脂和体质指数呈正相关。还有研究显示体力活动对肥胖基因有一定影响,但相关研究结果还未形成共识,其作用机制也还需要更深入的探索。

2. 相关研究现状

身体成分指标包括 BMI、去脂体重、脂肪量、体脂百分比、皮褶厚度等,很多数值随着生活年龄的增长及生长发育而变化。因此,需要严谨的实验方法才能将体力活动对身体成分的影响从青少年生长发育中区分开来。多项实验性研究显示,体力活动与 BMI、体脂率、体脂量和皮褶厚度存在低度到中度相关,通过锻炼可使超重或肥胖孩子的 BMI 和体脂率降低。Gutin 等学者对体脂率和内脏组织脂肪研究较多,结果也较一致,大部分研究采用连续、大量的有氧运动,每周 3~5 次,每次 30~60 分钟,结果显示青少年参加体力活动越多,特别是高强度体力活动越多,脂肪量就越低。一项持续 10 个月的持续有氧运动干预显示青少年体脂率明显下降,仅有两项力量训练干预对青少年肥胖影响甚小。另一项训练控制研究通过让肥胖或超重青少年参与规律的体力活动,每周 3~5 次,每次 30~60 分钟中高强度运动,使受试者全部脂肪指标都显著降低。

总之,体力活动水平相对较高的青少年的脂肪要低于体力活动较少的同龄人,持续有氧运动对超重或肥胖青少年身体成分的改善具有显著作用,但是对正常体重的青少年而言,增加体力活动对脂肪的影响较小。

(三)体力活动与青少年骨骼健康的关系

1. 生理机制

(1)体力活动能促进骨骼的新陈代谢,加强骨骼的营养,改善骨骼的结构。体力活动时骨骼的血液供应量大大改善,使骨获得更多的营养,促使长骨生长,骺软骨增殖加速。体力活动促使骨密质增厚,骨松质的骨小梁的排列更加整齐而有规律,使骨能承受更大的压力。骨骼发育在儿童、青少年时期最为关键,成人骨量的 50% 是在青春期快速增长获得的。研究显示,在骨矿物含量增长敏感期(女孩 12.7 岁,男孩 14.1 岁),运动多的孩子在含量的增长上要高于运动少的孩子。无论男孩女孩,体力活动对骨矿物质含量具有最佳促进作用的时段都是在青春期早期和月经初潮前期。

(2)体力活动可预防骨骼疾病。虽然遗传对骨质起着决定性的作用,但是体力活动可以促进骨密度(Bone Mineral Density,BMD)增加,保证获得遗传范围内的最佳峰值骨量(Peak Bone Mass,PBM),从而有效预防骨折、骨质疏松等疾病。儿童和成人的 BMD 减少 1 个标准差,发生骨折的概率就增加 1 倍;PBM 每增加 5%,发生骨质疏松性骨折的危险性降低 40%。可见,在儿童青少年期体力活动对预防成年后的骨质减少和骨质疏松具有非常积极的意义。

2. 相关研究现状

骨骼健康包括骨矿物含量、骨密度、骨面积、骨硬度、骨形状及韧性、骨膜周径等指标,相关的研究可能涉及一项或多项指标进行分析。体力活动是否有成骨作用取决于外界负荷的强度大小、负荷的动态情况、负荷承受程度以及一次负荷的持续时间。研究显示抗重力运动比跑步、跳高或高强度的举重,对骨骼矿物质增长更加有效,也比自行车、游泳等支撑自身重力负荷的运动好,小负荷或是 3 倍体重的抗重力运动可有效改善骨矿物质含量,还可同时影响肌肉力量。研究普遍证实了体力活动对青少年股骨和胫骨 BMD 的促进作用,还有研究显示,在学校体育课之外,进行每周 3 次,每次 12 分钟,持续 7 个月的高强度体重负荷体力活动可使青春前期学生的脊柱和臀部骨矿物质含量明显增加。总之,负重的体力活动可提高骨矿物质含量及骨密度。

研究还表明,对于两侧肢体承重不一致的青少年,承重较大的一侧肢体的

BMD 高于另一侧。在多种体力活动中,纵跳等跳跃类运动对下肢骨骼发育具有重要促进作用,可提高下肢的 BMD 水平。一项对照研究将 89 名 10 岁以下儿童分为跳跃组和对照组,跳跃组不仅要做容易的伸展动作,还要做双脚跳至一定高度箱子的动作,1 周做 300 个,分 3 次完成,对照组仅做相对容易的跳跃动作。研究结果显示,短期内两组的骨骼状况并没有显著性差异,7 个月后,跳跃组的各项骨骼指标都明显高于对照组,采用统计学方法剔除身高、体重等影响因素之后,股骨颈和腰椎的骨量仍有显著性差异。[①] 还有研究证实,即便是负重较低的体力活动,只要达到一定的活动量,也可以取得良好的健骨效果。

(四)体力活动与青少年肌肉适能的关系

1. 生理机制

(1)体力活动可促进肌肉肥大。静态生活方式下肌肉活动量很小,肌肉中毛细血管开放较少。体力活动时肌肉运动增强,肌肉的毛细血管大量开放,开放数量可以从 80 条/cm³,增加到 2000 条/cm³,是安静时的 15～30 倍,营养物质源源供应,使肌肉长得粗壮。长期力量训练可使肌肉收缩蛋白合成增加、肌质网和结缔组织增多,表现为肌纤维增粗、横断面积增加,即肌肉肥大。

(2)体力活动可增强肌肉力量与耐力。一般人肌肉重量占体重的 35%～40%,经常参加体育锻炼者的肌肉重量可达体重的 50%。因此,儿童青少年经常进行体育锻炼,可使肌肉增长速度相对增快,收缩力量明显增强,肌肉耐力增强。研究还表明,锻炼能使肌球蛋白增加 40%～50%,使肌肉中储备氧作用的肌红蛋白含量增加,神经肌肉控制能力明显提升,使肌肉能适应紧张工作。

2. 相关研究现状

青少年体力活动对肌肉力量影响的研究中,Malian 综述了 22 项关于青春期前和青春期早期青少年力量训练的结果,提示通过力量训练可明显提高肌肉力量。各文献中报道的抗阻训练时间从 6 周到 21 个月不等,大部分维持 8～12 周,训练 2～3 天为一个阶段,中间休息调整。强度范围大都在 50%～85% 1RM[②],以 75% 1RM 居多。

---

① 孟娣娟.青少年骨质疏松初级预防健康教育的效果研究[D].北京:中国协和医科大学,2008.
② IRM 是指力量训练中只能完成一次的最大负荷,是最大肌肉力量的表述方式。

Treuth 及其同事对 7～10 岁肥胖女孩进行非随机抗阻训练研究,实验持续 5 个月,每周 3 天,每天 20 分钟,练习方式包括压腿、仰卧起坐等,强度逐渐加至 70% 1RM。该实验结果表明:运动干预组的 1RM 仰卧推举增加了 19.6%,腿部 1RM 力量增加了 20%,膝关节伸力增加了 35%。Faigenbaum 对 13 岁男孩进行了 9 周非随机渐进性抗阻练习的研究,每周 2 次,每次 90 分钟,每组练习包括 1～4 次举重练习,8～15 次阻力练习,如此重复 3 组。该项目使男孩的腿力增加了 19%,上肢力量增加了 15%。

由此可见,青少年体力活动与肌肉力量的关系非常明显。无论儿童、青春期前或青春期早期的青少年,每周 2～3 次的阻力练习都能明显提高肌肉力量,对生长发育不会产生负面影响,且这种促进作用没有男女区别。

(五)体力活动与青少年代谢健康的关系

1. 生理机制

(1)体力活动可提高胰岛素敏感性。长期体力活动可提高胰岛素及其受体结合力,使胰岛素作用的信号转导得以改善,提高细胞膜葡萄糖转运蛋白 4 的表达及转运能力,从而提高胰岛素敏感性,降低胰岛素抵抗反应。

(2)体力活动可通过调节脂肪改善胰岛素抵抗。由于脂肪量是影响体力活动与心血管疾病风险预测的潜在因素,而随机对照实验显示体力活动可以降低超重肥胖青少年全身及内脏的脂肪。因此,体力活动在一定程度上改善了胰岛素抵抗,降低了青少年心血管及代谢疾病的风险因素。

(3)体力活动可调节血管机能。体力活动可降低甘油三酯,改善血脂水平,减少促进血脂代谢,减少脂肪在血管壁的附着,增强血管弹性,对动脉粥样硬化和高血压等心血管疾病起到有效的预防作用。

2. 相关研究现状

相关的研究主要集中在 3 个疾病危险因子上,即空腹胰岛素、瘦素和炎症标记物。针对肥胖研究对象的实验数据显示:持续 2～8 个月的体力活动干预计划可明显改善心血管及代谢健康,指标包括胰岛素敏感性、血脂水平、炎症指标、内皮功能、副交感神经活动和颈动脉内皮厚度。最为显著的结果是:体力活动能使患有血脂异常的青少年指标恢复正常。此外,通过参加学校体力活动干预的肥胖青少年,除了体质、空腹胰岛素水平改善并且脂肪减少之外,在此后的夏天里进行无规律的体力活动也减轻了体重,这个研究结果提示体力活动具有长期效应。

总体来说,研究表明:在儿童青少年时期开始保持大运动量和强度的体力活动,并延续至成人期,可帮助其保持较低的心血管疾病和Ⅱ型糖尿病风险,有效降低心血管疾病和Ⅱ型糖尿病的发病率和死亡率,体力活动的运动量或强度越大,受益越大。

(六)体力活动可促进青少年心智发展

大量研究证实了体力活动对青少年心理健康的积极影响,主要体现在:体力活动可以提高青少年的认知能力,增强信心,对思维发展和审美感知都非常有益;体力活动可促进社交,增强归属感,有助于意志的训练和品质的培养;体力活动还可以调节情绪,减少失眠、焦虑等症状。

1. 体力活动可以提高青少年的认知能力

所有的体力活动行为都有一个相同的特点,即在整个过程中,运动的人需要对周围情况保持敏锐的判断,感知反应要快,动作要能配合思维,以实现动作的完整。长期坚持体力活动,尤其是健身性体力活动,可以使青少年的感知力得到显著增强,提高其反应速度、灵敏度和判断力,使他们动作灵敏,思维灵活。体力活动还可促进血液循环,供给大脑充分的能量,提高思维和想象能力。Dishman 等对 1250 名 12 年级女孩的研究显示,对身体的自我认识与体力活动具有明显的关系。[1]

温煦曾对体育锻炼对青少年认知能力和学业的国内外研究进行综述,结果显示:适量的体育锻炼有助于改善青少年认知能力,提高其学业表现,但体育锻炼影响青少年认知能力和学业表现的作用机制、体育锻炼与认知能力和学业表现的量效关系等一系列关键问题仍有待进一步研究,其代表性研究见表 2.2。[2]

---

[1] Dishman R K, Hales D P, Pfeiffer K A, et al. Physical self-concept and self-esteem mediate cross-sectional relations of physical activity and sport participation with depression symptoms among adolescent girls[J]. Health Psychology, 2006(3).

[2] 温煦. 体育锻炼对青少年认知能力和学业表现的影响:研究的历史、现状与未来[J]. 体育科学, 2015(3).

表 2.2　近年来体力活动与青少年学业和认知能力的代表性研究

学者	年份	受试对象	研究结果
Tremblay 等	2000	6923 名加拿大 6 年级小学生	青少年体力活动与学业表现呈负相关,但与其自信心呈正相关
Field 等	2001	89 名美国高中生	积极参加体力活动的青少年绩点更高
Dwyer 等	2001	9000 名澳大利亚 7～15 岁学生	青少年体力活动与学业表现呈正相关,相关系数 $r=0.08～0.19$
Lindner 等	2002	4690 名中国香港 5—12 年级学生	青少年体育锻炼与自我报告的学业表现呈正相关(总体 $r=0.06～0.17$);高年级青少年体育锻炼与绩点呈正相关,低年级则呈负相关
Nelson 等	2006	美国 11957 名青少年	积极参加体力活动的学生英语和数学成绩更好
Yu 等	2006	333 名香港 8～12 岁小学生	青少年体力活动与学业表现不相关,但与其自信心呈正相关
Hillman 等	2005	24 名青春前期青少年	与有氧耐力水平低的青少年相比,有氧耐力水平高的青少年的进行认知能力测试时大脑事件相关电位(ERPs)P3 的反应时间更短,波幅更大
Castelli 等	2007	259 名 3—5 年级学生	有氧耐力与算术和阅读能力呈正相关
Buck 等	2008	74 名青少年,平均年龄 9.3 岁	有氧耐力与青少年的认知能力呈正相关
Chaddock 等	2010	21 名有氧耐力高和 28 名有氧耐力低的 9～10 岁少年	与有氧耐力弱的青少年相比,有氧耐力高的青少年背侧纹状体的容量更大,记忆力测试得分更高
Pontifex 等	2011	48 名青春前期青少年(平均年龄 10.1 岁)	有氧耐力水平低的青少年认知能力测试的准确率更低,而有氧耐力水平更高的青少年进行认知能力测试时大脑事件相关电位(ERPs)P3 的反应时间更短,波幅更大

2. 体力活动有助于青少年情绪调节

儿童青少年面对着充满诱惑又错综复杂的社会。科学技术的不断发展带来了快节奏的生活与激烈的竞争,进而给青少年学习和生活带来了各种各样的压力。压力不仅来自于社会、家庭,也来源于他们自己。

大量研究表明,适量的体力活动,尤其是以健身娱乐为目的的体育锻炼,不但对缓解人的压力起到了积极的作用,还在心理和社会方面带给人很多益处。国际运动心理学会(ISSP)鼓励所有人经常性地参与自由选择的、有活力的身体活动,还建议人们要喜爱多种体育活动,以提高有氧和无氧能力,最好是竞争性较小的、让人心情愉悦的体力活动,这样的体力活动通常强度都较小。通常,每星期至少 3 次,每次 20～30 分钟,60%～90%个体最大心率的运动对情绪的调节作用最佳。

此外,长期参加体育锻炼的人可能体验到一种"尖峰时刻"(Peak Moment),有助于负面情绪的消除。尖峰时刻的良好情绪体验包括最佳表现、流畅体验、跑步或锻炼高潮以及高峰体验等。这些情绪体验可显著提高自信自尊和自我效能,对青少年的情绪调节和人格培养都具有积极意义。

多项研究报道参与运动积极的孩子的抑郁症状明显要低于不积极的孩子,Parfitt 和 Eston 对 70 名 10 岁的孩子进行的体力活动和抑郁关系研究显示,步行量和抑郁症状具有负相关关系($r=-0.60$)。[①] 此外,还有研究证实体力活动与焦虑呈负相关。

3. 体育锻炼能够使人格得到全面提升

体力活动尤其是体育竞赛普遍都有难熬、激动、困难、劳累以及竞争等特点,是培养青少年意志品质的重要途径,体育竞赛还可培养青少年不骄不躁、相互尊重、公平竞争、诚信待人等优良品质。团体性的体育活动项目可以让人体会到队友间的相互支持和影响,让自己有一种归属感。作为具有社会属性的人类来说,归属感是满足个体生存不可或缺的条件。

体力活动还可培养青少年的协作能力、应对能力和掌控能力等。体力行为能练就人的性格,让人变得积极、向上、包容、感恩、理性。体力活动还有助于人际交往,能让青少年摩擦出友谊的火花。通过与他人的接触,能够让人改变原有的心情,接受快乐的感染。有的学者很早就提出,性格开朗的人更受到社会的欢迎,这在舞蹈和一些集体性的体育运动中表现得尤为明显。最重要的是,长期体力活动可建立起终身体育的意识,不仅有助于提升个体的健康水平,更重要的是可建立积极健康的生活方式和意识,使人格品质得到全面提升。

---

① Parfitt G, Eston R G. The relationship between children's habitual activity level and psychological well-being[J]. Acta Paediatrica,2005(12).

第三章　体力活动行为改变学理论

体力活动不是简单的孤立的行为,青少年参与及坚持体力活动是由多种因素决定的,包括个体因素和环境因素等。仅靠单一的因素很难较好地预测或解释体力活动的参与机制,因此需要综合分析多种因素及其之间的交互作用。交互决定理论是当今多数行为改变理论(如社会认知理论和社会生态学理论)的基石,该理论认为:行为是在多个因素相互制约、相互影响、共同作用下所产生的效力。因此,体力活动的影响因素可以从个体、人际、社区、政策等多个层面进行分析。学者们根据对这些因素的分析,建立了多种行为改变学理论模型,为青少年体力活动促进工作提供了依据。

第一节　青少年体力活动的影响因素

随着时代的进步和经济的发展,儿童青少年的生活方式逐渐向静态转变,体力活动量急剧减少。本节总结分析了大量儿童青少年体力活动影响因素的学术文献,分别从个体因素、人际因素、学校因素、社区因素以及政策与舆论因素等方面,详细阐述了各因素与青少年儿童体力活动之间的关联性,为相关研究与实践提供理论依据。

一、个体因素

个体因素是青少年体力活动参与的决定性因素,也是公共卫生领域的机构学者们长期的研究热点,相关研究主要集中在对青少年的自尊心、自我表现、兴趣、态度、认知能力、信念等方面。并在此基础上建立了多种个体层面的行为改变学理论,如健康信念模式、自我效能理论、计划行为理论等。

影响体力活动水平的个体因素可划分为人口学因素和社会认知因素(见表 3.1)。主要包括个人对体力活动效益的认知、获得健康效益的代价和花费、对目前状况的满意度、是否有信心积极运动、改变当前体力活动水平的能力、积极活动的行为意向、是否从体力活动中得到愉悦享受等。在这些因素中,对青少年体力活动影响较大的个体因素主要集中在年龄、性别、学习压力、兴趣、态度、动机和自我效能感等方面。[①]

表 3.1 影响体力活动的个体因素

人口统计学因素	影响	认知因素	影响
年龄增长	消极	积极的态度	积极
体力劳动者	消极	主观感知到的运动障碍	消极
受教育程度高	积极	自我效能	积极
性别(男)	积极	运动享受	积极
心脏病高风险	消极	预期效应	积极
较高的社会经济地位	积极	自我指导	不一定
受伤史	消极	运动意向	积极
超重/肥胖	消极	健康和锻炼的相关知识	中性
种族	不一定		
孕妇	消极		

另外,心理因素、行为障碍也是影响体力活动的个体因素。心理因素能够帮助解释为什么年龄、受教育程度、收入、社会环境和其他统计学变量都相似的个体体力活动水平却有很大的差异。包括体力活动的社会认知因素、体力活动决策机制等。

个体的自我感觉主要是自尊心的体现,是一种综合性的自我评价。国内外专家指出,青少年的自尊心和健康行为密切相关,青少年渴望表现自己,并且关心自己的体重和外在形象,这种对自我身体形象的感觉和信念又称为身体意象,身体意象会在很大程度上影响青少年的自尊水平。青少年的身体意

---

① 马骏,张帆,司琦. 影响青少年参与身体活动的个体因素综述——基于社会生态模型的个体生态子系统[J]. 浙江体育科学, 2016(3).

象与其体力活动水平呈正相关关系,积极的身体意象能够促进青少年参与体力活动,消极的身体意象能够阻碍青少年参与体力活动。因此,一些机构认为提高青少年对外在形象的自我满意度是体力活动促进的重要方法。但是,也有一些对自身外在形象满意的青少年参加体力活动的意愿和意识反而更低,而对自身外在形象不满意或缺乏自信的青少年则会产生改善形体的欲望,进而会增加自身的体力活动。也有专家指出,性别与社会经济地位的差异也会影响青少年的体力活动水平的高低,主要表现为:青少年自尊心对女性参加体力活动的影响远远大于男性;社会经济地位较高的青少年有更多的时间和较强的经济基础,其自尊层次更高,对其体力活动水平的提高有一定促进作用。①

　　自我效能感,是指个体对自己是否能完成特定的行为与目标的一个判断和推测,是社会认知理论的一个重要组成部分。自我效能感较高的个体能更充分利用他们的认知资源来更好地处理信息、制订计划、做出决策,更积极地面对缺乏时间、精力不足、害怕围观、运动水平差等体力活动障碍,从而有效地解决困难、达到目标。多数研究显示,自我效能感与青少年健康行为和体力活动水平呈正相关关系。也有一些研究表明,自我效能感并不是影响男生参加体力活动的最主要因素,但对女生的影响比较大。要提高青少年的自我效能感,可以通过自身成功经验、参考他人的成功经历、他人的引导与口头说服等途径来实现。

　　兴趣也是影响大部分青少年参与体力活动的重要因素。体力活动尤其是体育运动本身具有一定的趣味性,团体性体力活动还能够和同伴一起分享趣味,这进一步激发了青少年的兴趣。体力活动的参与和维持还需要具备相应的认知水平,这种认知包括对体力活动的认知和对自身水平的认知。一方面,对参与体力活动的价值认知,是进行体力活动的先决条件,对体力活动的实用性、享受性和重要性等价值的认知程度越高,其参与的积极性和频率也越高。另一方面,对自身能力的认知在很大程度上影响了对体力活动的选择和持久性,只有在体力活动中展现了自身能力并取得一定的成绩后,才会有继续参与

---

① 张林.青少年自尊结构、发展特点及其影响因素的研究[D].长春:东北师范大学,2004(5).

体力活动的兴趣。体力活动与态度、信念也存在关联,持有正面积极态度的青少年在参与各种体力活动时,都会表现出更高的积极性与参与性。

二、人际因素

(一)家庭因素

家人在塑造青少年的良性健康行为、降低孩子们体力活动行为风险上扮演着重要角色。家长们在青少年体力活动中的支持包括情感、工具和信息支持,大致可分为有形支持和无形支持两大类。有形支持就是明确的支持,包括父母的模范带头作用,直接参与孩子的游戏,观摩孩子的比赛,提供体力活动时间、场所,以及一些经济上的支持(如为孩子买球鞋等),等等。无形支持主要指采用语言上的暗示与激励,包括与孩子交流体力活动的价值和体会,帮助孩子解决问题,表扬孩子在体力活动中的表现,提升孩子的自信心,使其更能够正确面对挫折,具备更高水平的自我效能。

家庭成员的组成对青少年的体力活动也有很大的影响,特别是在4~6岁的学龄前时期影响更深。在欧美等国家中,大部分青少年都至少有一个或几个兄弟姐妹做伴,他们之间的相处时间甚至比父母更长,所以在日常生活中,兄弟姐妹的支持对青少年参加体力活动具有实质性的影响。家庭结构发生改变时,青少年的行为、生活习惯及体力活动模式都会发生相应的改变。调查显示,不同结构的家庭在体力活动上对子女的支持水平也不同。此外,在许多国家的家庭中,父母由于工作时间紧张,将孩子托于其他人照顾,如:祖父母、外祖父母或佣人等。这一变化会导致亲子关系的疏远,对青少年的体力活动产生负面影响。

多数研究认为,家庭的社会经济地位会影响孩子们参与一些高经济成本的体力活动,经济条件不好的家庭主要进行一些低经济成本的体力活动,如跳绳、踢键子等。也有专家认为,家庭的社会经济地位与孩子的体力活动没有太大的关系,而家庭周围有无体育运动器材是孩子体力活动的重要因素。

(二)其他人际因素

在学校,老师对学生体力活动行为的支持非常重要。班主任、体育教师如果能够认可学生参加体力活动,甚至用课内外时间与学生互动,参与到他们的体育活动之中,则可为学生营造协作、配合、支持的体力活动环境,促使他们养成良好的体育锻炼习惯。

随着年龄的增长,青少年与同龄人之间的交往越来越多,他们的价值观和体力活动喜好也会互相影响。研究显示,同学的影响与体力活动参与有明显的关系,好朋友往往在活动能力、活动偏好、活动频率与时间上都非常相似。同伴的体力活动行为模式、友谊质量等因素在青少年体力活动参与与维持中扮演着关键的角色,主要有以下几点功能:可以使青少年与社会融合并且发展青少年之间的友谊;在情感支持方面,可以互相鼓励,并分享各种体力活动信息;在器械支持方面,可以一起分享运动设备;可以获得自尊上的支持,在遇到困难时可以互相安慰,并且通过合作可以完成期望的任务,克服各种困难。[①]

三、学校因素

学校是发展和实施青少年体力活动干预的最理想场所。研究人员发现学校可以提供很多的便利研究条件,如:具有很强的代表性、大量的学生样本、项目的实施范围广、操作的可行性等。因此,以学校为基础的青少年体力活动研究也越来越多。大量研究证实中小学生校内外体力活动差异显著,学生学习日体力活动时间显著高于周末,学习日静坐时间显著低于周末,与学生体力活动有关的学校因素包括体育课程、老师的支持、课业负担、学校提供的场地器材和活动机会等。在我国传统的办学理念和教育制度中,学生的作业负担重,占据了大量的课余时间,这是我国学生体力活动的一个重大障碍。

研究普遍证实,学校的场地设施的合格性、活动空间的合理性、体育课受重视的程度是影响青少年体力活动的重要因素。学校运动设备和运动场地的配置情况,在很大程度上影响了学生们的活动机会和活动乐趣。学校提供的锻炼场地和支持方式越多,学生的体力活动兴趣也越高。体育课可以让学生们提高对体育锻炼的认知,掌握基础的运动技能,对青少年建立良好的体力活动习惯尤为重要。还有研究表明,学校的传统体育特色与青少年的体力活动水平也呈正相关关系。在学校的办学模式方面,有研究显示走读学校的学生

---

① 苏传令. 社会生态学模型与青少年体力活动关系的研究综述[J]. 浙江体育科学,2012(2).

体力活动相比寄宿学校要更高。

体育课在青少年体力活动促进工作中占据着举足轻重的作用,青少年的大部分时间要待在学校,大部分高强度体力活动主要来源于体育课,体育课的质量和时间影响着学生的身体素质和锻炼观念。我国长期重视学校体育工作,2001 年基础教育《体育与健康课程标准》颁布,2005 年开始全国正式实施,2011 年新的《体育与健康课程标准》修订完成。此外,教育部还颁布了多项政策措施,确定了"健康第一"的体育教育指导思想,在一定程度上保证了体育课的课时和教学质量。但是,2014 年对 27 个省份的调查数据显示,中小学学校体育课平均开足率仅为 91.94%,只有 1 个省份开足率为 100%,其原因包括应试教育挤占了体育课时间、体育师资不足、体育场地器材不足等。① 同时,体育课中因材施教、全面发展和学生的主体地位等改革目标也难以达到预期效果。学者们认为,除了加强体育场馆设施和师资力量建设外,学校还应该为学生提供更多的选择,让学生参与到体育教育计划的过程中去,引导学生进行自我完善,这可能是提高体育教育质量的较好途径。专家们还建议,教师对学生的影响不应局限于课内的各种活动,应该提高学生的兴趣和能力,使其延伸到课堂之外,提高学生课外体育锻炼的水平及能力,这才是体育教育的最主要也是最终目的。因此,除了体育课,有组织的课外活动和体育俱乐部是学校增强青少年体力活动的重要途径。

四、社区因素

"社区"一词在城市公共卫生研究中应用非常普遍。Stokols 的生态学理论认为,社区的环境非常重要,它为健康促进提供了资源支持,能直接影响人的生活,改变人的行为,对青少年行为所产生的影响仅次于家庭和学校。

社区资源有利于创造支持性的社区体力活动环境。社区资源包括体力活动咨询、健康讲座及各种公共卫生检查、疫苗接种等,有的社区还组织一些趣味性较高的体育文化活动,如乒乓球比赛、象棋比赛、家庭亲子活动等,这些举

---

① 冯雅男,何秋鸿,孙葆丽. 困境与视角:对我国基础教育体育课程改革的思考[J]. 北京体育大学学报,2017(8).

措都能有效地提升青少年群体的活动空间,调动其体力活动积极性,大大地减少了他们看电视、玩手机、上网的时间,对青少年身体素质提高有益。社区组织资源还能促成社区各机构(居委会、公园、健身俱乐部、医院)的共同发展,从而实现社区资源的多样性和可持续化发展。除此之外,社区可以利用广告牌、报刊、电台和电视等传统媒介,以及互联网等新媒介来宣传体力活动的重要性。一些学者指出,大多数的社区资源对于青少年及特殊群体的利用率还不高,尤其是残疾儿童参与社区活动较少。当今住宅高层化的现象也阻碍了青少年利用社区资源,有研究发现居住在高层的儿童户外玩耍时间少,集体活动少,电视游戏等静态生活较多,生活自理能力要差于低层居住的儿童。[①]

社区建成环境主要包括社区公共设施、交通环境等方面。体力活动设施对社区居民参加体力活动具有重要影响,主要体现在设施的空间距离、经济性和安全性等方面。周热娜等对上海市初中生的抽样调查显示,住所附近的体育运动场所可及性越好,郊区学生每天进行中高强度体力活动时间和上课日每天锻炼时间就越长。[②] 韩西丽等学者开展的"城市邻里空间特征对儿童感知与户外体力活动的作用机制"课题研究表明,"儿童活动场地""植物""水体"是影响儿童户外体力活动水平的主要积极环境因子,汽车、儿童活动设施缺乏是主要消极环境因子;"活动场地+活动路径""活动场地+带环形小径的活动场前区""活动场地+小型商业设施""活动场地+水体"等要素的组合布局结构支持青少年参加高水平的社区体力活动;北京市各类居住区普遍缺乏适合6~12岁高龄儿童活动的设施及场地,是导致该年龄段儿童体力活动水平低下的主要环境原因。[③]

五、政策因素

公共政策是影响青少年体力活动的宏观维度,它对个体行为的影响比其

---

① 翁锡全,张莹,林文弢. 城市化进程中居民体力活动变化及其对健康的影响[J]. 体育与科学,2014(1).

② 周热娜,傅华,李洋,等. 上海市某两所中学初中生体力活动环境影响因素分析[J]. 复旦学报(医学版),2013(2).

③ 韩西丽,Catharina Sternudd,赵文强. 城市儿童户外体力活动研究进展[J]. 人文地理,2011(6).

他因素更有渗透性,范围很广。WHO 号召各国在全球范围内发展更加完善的增强全民体育锻炼的国家战略计划,鼓励加强青少年的体力活动。美国、加拿大、英国、澳大利亚、日本、挪威、新加坡等国相继出台了青少年体力活动促进的政策,包括学校体育教育、学生健康手册的建立、社区活动场所的完善、大众媒体的宣传等多个范畴。

青少年体力活动政策不仅涉及教育和体育部门,还涉及城市规划、大众媒体、交通运输等间接影响学生体力活动水平的部门。政策制定部门可以针对学校、社区等政策执行部门的特点赋予相应的责任,要求它们在各自的领域为促进学生体力活动提供协助。根据各部门的能力范围大小,提出关于协助方式、质量、时间、范围等方面的详细规定,通过责任的细化,提高措施的可操作性。政府还可通过电视、广播、网络等多种形式对体力活动的相关知识进行宣传,让学生知道为什么要进行运动,如何科学地进行运动,以及运动能够给自己带来的益处等。[①] 可见,政策也可以对青少年体力活动的其他影响因素产生影响,进而从多个方面促进青少年体力活动习惯的养成。

六、进化因素

根据 Nikolaas Tinbergen 的行为学理论,解释行为决策的核心思路可被归纳为终极机制(Ultimate Mechanism)和最近机制(Proximate Mechanism)。其中,终极机制解释的是为什么形成这一行为模式,最近机制解释的是怎样形成这一行为模式。进化论认为,在自然选择压力下更好地生存与繁衍是指导人类一切行为的终极机制。体力活动行为的发展演变也遵循于这一终极机制,其中最好的例证就是人类为了获取更多的食物而解放上肢,建立了直立人的体力活动方式。

为了进一步阐述体力活动的终极机制,进化学家提出了"节俭基因"(Thrifty Gene)学说。该学说认为:在进化的绝大部分时段,人类都始终面临着食物匮乏的巨大压力,如何化解这一压力是人类进化过程中长期面临的问

---

① 吴薇,陈佩杰,何晓龙. 美国《国民体力活动计划》及其 2014 年儿童青少年体力活动工作报告解析与启示[J]. 中国运动医学杂志,2015(4).

题。为了生存和繁衍,人类一方面进行大量必需的体力活动以获取足够能量,另一方面会尽量减少不必要的体力活动以节约能耗。同时,人类基因也在进化过程中向便于储存能量和节约能耗的方向演变,这些基因主要影响着能量的代谢与分配,瘦素、过氧化物酶体增殖物激活受体家族(PPARs)、胃饥饿素(Ghrelin)等都是"节俭基因"的衍生物质。在自然选择的作用下,人类的节俭型能量分配体系被逐渐强化,增强了应对食物匮乏的能力,提高了个体的生存和繁衍概率。

生物学研究证实,由于肌肉活动的能耗较大,人类为了应对大脑进化带来的能耗压力,在长期进化中逐渐降低了肌肉比重,脂肪比重则逐渐上升。虽然黑猩猩体力活动量较低,但仍具有很高的肌肉比重,提示人类似乎比其他物种更善于通过脂肪储存能量,这是人类特有的能量分配机制。与大猩猩、猕猴和大鼠等物种相比,人类大脑前额皮质和骨骼肌的代谢物分别是物种预期差异的 4 倍和 8 倍,而大脑其他皮质及肾部的代谢物符合物种差异,这一差异提示人类骨骼肌和用于控制骨骼肌的大脑前额皮质产生了同步进化。经过长期进化,人类不仅调整了肌肉与脂肪的比例,还建立了利于能量储存的生理机制。当机体体力活动增加时,糖和脂肪的动员加强,但是体力活动水平下降时这些反应则会迅速消失。例如,对体力活动正常的普通健康受试者的研究显示,一天静坐之后胰岛素敏感性会显著降低,一周静态生活方式后瘦体重显著下降,体脂率明显增加。对男性田径运动员的研究显示,在 38h 未锻炼之后胰岛素敏感性会下降到普通人水平。

人类生物进化速度非常缓慢,研究显示人类从黑猩猩物种分离后,基因相似度仍高达 99%,现代人类与旧石器时期祖先的基因差异仅为万分之二。因此,进化学家认为人类的基因组合还停留在石器时代,机体依然延续着与"节俭基因"相匹配的能量分配体系。与约 500 万年的生物进化进程相比,人类从农业社会开始的文化进化非常短暂,距今仅有约 1 万年历史。在文化进化期间人类经历了农业社会、工业社会和信息社会,人类文明日新月异,与非常缓慢的生物进化呈现出巨大反差。人类的食物供给和体力活动量也出现了颠覆性的变化,必需性体力活动显著降低,体力活动方式从农耕、驯养转变成以坐姿为主的活动方式,面临的能量问题也从能量不足转变为能量过剩,图 3.1 将这一过程进行了形象的展示。人类的节俭型能量分配体系使得多余能量极易被储存下来,以抵御可能面临的"能量匮乏"。如果要促使机体更易消耗能量,加强能量代谢的相关基因必须被激活和表达,但人类现有的体力活动量普遍无法达到此类基因表达所需的阈值。上述矛盾可被概括为人类生物进化与文化进化的"错位"(Mismatch),进化论认为这种错位是引起现代青少年肥胖、高血脂等代谢性疾病的核心因素,这是进化论与其他传统健康促进理论的根本区别。

图 3.1　人类进化与近代肥胖症蔓延趋势

第二节　体力活动行为改变理论

在体力活动促进的研究与实践中,健康促进理论具有广泛的应用价值,其理论层次和发展阶段大致可分为以下 4 个层次阶段:(1)个体水平层次阶段:该阶段主要侧重于阐释探索影响个体行为的生理、心理、认知等方面的因素,以健康信念理论、计划行为理论、阶段变化理论和自我效能等理论为代表。(2)人际水平层次阶段:该层面着重强调群体对个体行为的影响,包括社会认知、社会网络与社会支持等理论。(3)社区水平层次阶段:该层次主要强调社会环境对行为干预的重要性,主要包括组织机构改变、创新扩散及社区组织和社区建设等理论。(4)生态学层次阶段:该层次的研究不局限于某一水平层次,而是强调分析影响健康行为的多维因素、多维因素的交互作用及环境对个体的多重影响,以"健康促进生态学模型"为代表。国外学者已应用健康促进模型开展了大量青少年体力活动促进研究,但国内从"体力活动"角度开展的青少年健康促进的研究主要集中于 2010 年以后，对体力活动促进理论模型研究尚处于起步阶段。2016 年，Caldwell 等学者还将进化论与社会生态学理论相结合，建立了体力活动的生命史理论。上述理论对于深入分析青少年体力活动的影响因素，以及科学开展青少年体力活动促进工作都具有重要价值。

一、健康信念模式

健康信念模式（Health Belief Model，HBM）是 Hochbaum 于 1958 年在研究人的健康行为与其健康信念之间的关系后提出的，后经罗森斯托克、贝克和麦曼等社会心理学家进行逐步的完善。健康信念模式是指导、干预、促进健康行为形成的重要理论框架，是运用社会心理学方法解释健康相关行为的理论模式。健康信念模式认为，信念是人们接受劝导、改变不良行为、采纳健康促进行为的基础，人是否采取预防性的健康行为（如坚持体育锻炼）取决于其对自身潜在健康风险的严重性的知觉及其对采取行动的代价与所获利益的评估。人们如果具有与疾病、健康相关的正确信念，就会采纳健康行为，改变危险行为。健康信念模式主要从知觉到问题、知觉到问题的严重性、知觉到行动的益处、知觉到行动的障碍和自我效能共五个方面解释各种健康行为的变化和维持（见图 3.2）。[①]

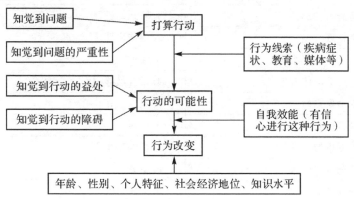

图 3.2　健康信念模式

① 傅华，李枫. 现代健康促进理论与实践[M]. 上海：复旦大学出版社，2003.

(一)健康信念模式的理论要点

1. 知觉到问题

人们会对自己可能产生的疾患及其健康后果进行主观判断,即形成主观信念,包括个人对健康和疾病产生的原因与后果的判断、对医护人员的建议的接受程度等。例如,青少年会意识到过度看电视会造成视力不良,长期不进行体育锻炼可能导致免疫力下降、易感冒等后果。

2. 知觉到问题的严重性

人们一方面会对疾病临床后果进行判断,如病情、死亡、伤残、严重程度等;另一方面又会对疾病所产生的社会后果进行判断,如工作压力、经济条件、人情关系等因素的影响程度。以上两方面可统称为对问题严重性的判断。

3. 知觉到行动的益处

是指人们对于采取某种行为后,能不能及时有效地降低患病风险并减轻不良后果的判断。只有当人们知觉到某种行为带来的效果和好处之后,才能自觉地采取这种健康行为。比如了解到有氧运动可以燃烧脂肪,有利于保持体型,则可能自觉地进行有氧运动健身(见表3.2)。

表 3.2　体力活动的感知效益与感知障碍

感知效益	感知障碍
1.保持身材	1.缺乏动机
2.感觉良好	2.懒惰成性
3.保持良好的健康状态	3.太忙
4.维持合适的体重	4.没有足够时间
5.外在形象更好	5.缺少同伴
6.增强自信心	6.太累
7.积极健康的心理	7.影响工作
8.放松和减少应激	8.不方便
9.乐趣和享受	9.气候原因
10.缓解生活压力	10.缺少运动设施
11.体重下降	11.无兴趣
12.结识朋友	12.身体不适
13.家庭责任	13.身体较弱

4. 知觉到采取行动可能遇到的障碍

是指人们感觉到如果自己实施行动可能会存在一些障碍,包括客观存在的障碍和自己心理的障碍,这是障碍会影响行为的持续。例如青少年可能觉得参加体育锻炼会挤占学习时间;在社区附近想参加锻炼却又缺少场地和伙伴;女生往往觉得体育锻炼太费力等。

5. 自我效能

指的是人们对自己能够成功地采取行动并获得期望结果的判断。自我效能在长期生活习惯的改变中发挥着很大的作用,它可以使个体有信心去纠正那些危害健康的行为。自我效能感不只是对预设目标的实现程度的一种事先预测,它还直接影响到自己在行为执行中的心理状态。例如,与不常锻炼的人相比,经常进行体育锻炼的人可能对参与某一新的体育运动更有信心。

(二)健康信念模式与体力活动行为改变

健康信念模式认为,只有当人们具备了健康动机和知识,知道自身可能存在的健康问题或风险,了解某种健康行为的益处并具有实施这一行为的信心,才有可能开始实施有益的健康行为。想让人们采纳健康的生活方式,提高体力活动水平,就必须使人们在锻炼的过程中感受到收益和自信,从而自觉地增加日常体力活动和体育锻炼。因此,有必要加强科学健身的宣传,并根据实际情况制定和落实相应的政策,制订详细的指导计划,使人们具备更强烈的健康动机,并且将锻炼的意识融入日常生活中去。

早期健康信念模式主要应用于预防接种、戒烟等一些短期的预防行为,其效果得到广泛验证。1985 年,O'Coluell 等人曾应用健康信念模型预测 69 名肥胖青少年和 100 名非肥胖青少年的节食和锻炼行为。结果显示,肥胖青少年节食行为最强有力的预测因子是"节食的收益",有关锻炼的暗示可较好地解释肥胖青少年锻炼行为,可最好地解释非肥胖青少年目前的节食行为的因子是"对可能引起肥胖的主观觉察易感性"。然而,没有任何一个健康信念因子可以预测非肥胖青少年的锻炼行为,这在一定程度上说明了健康信念理论的局限性。

健康信念模式也被应用于糖尿病患者的饮食依从性研究和普通人群体育

锻炼行为研究中。Slenker 等人对慢跑者与不锻炼者的比较研究显示,影响慢跑最强有力的是障碍变量,包括时间、其他任务和天气等。Biddle 等在一项对433 个成年人的调查研究中发现,有氧锻炼者与不锻炼者在心血管健康有关的健康信念、知识和归因等方面存在很大的差异,锻炼者有更多的知识、更强的健康动机和控制感;相反,不锻炼者面对一般疾病和心脏疾病则感到更脆弱。Janz 等对多个相关研究进行综合分析后发现,"知觉到行动的障碍"是该模型中最一致且有力的预测器,"知觉到问题"对保健行为有更重要的影响,而"知觉到行动的益处"对疾病角色和疾病行为预防更重要。

近年来,我国学者也采用健康信念理论开展了体力活动促进的相关研究。例如,于志华等根据健康信念模式理论对国际上成熟的运动健康信念量表进行修订,构建了一个包含 41 个条目的《锻炼健康信念量表》,经验证该量表具有良好的信度和效度,可用于测量健康信念和体育锻炼行为之间的关系。采用该量表对武汉地区高校在职中高级知识分子群体的调查显示,中高级知识分子群体的健康信念对体育锻炼的坚持性、锻炼频率、锻炼时间、锻炼强度有显著影响。谢红光等拟合了体质健康信念与体育锻炼行为关系模型,提示体育健康的知识、态度、信念对大学生体育锻炼行为和体质水平影响较大。饶燕在对武汉市 240 名女大学生的健康信念与体育锻炼行为关系的研究中发现,女大学生健康信念与体育锻炼行为呈正相关关系,经常参加锻炼的女大学生知觉到的锻炼益处多、障碍少;很少参加锻炼的女大学生知觉到的锻炼益处相对少、障碍相对多。可见,有必要结合健康信念模式广泛开展超重肥胖青少年的行为干预研究,为今后的青少年肥胖防治工作提供更丰富的理论依据。

二、自我效能理论

(一)自我效能理论的依据

自我效能理论(Self-efficacy Theory)认为,行为改变是依赖于某一中介变量来完成的,这一中介就是对自我效能的认知。自我效能,即个体对自己有能力执行某种行动以达到某个特殊目标的信念,这一概念源自于 20 世纪 80 年代 Bandura 提出的社会认知理论。

影响自我效能的主要因素包括四个方面(见图 3.3)。

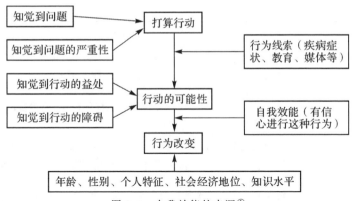

图 3.3　自我效能的来源①

（1）成功体验。个体可以因为自己成功地完成某项任务而相信自己具备相应的能力。

（2）替代经历。个体可以向榜样学习，当别人可以完成任务时，他也可能认为自己也可以完成这一任务。

（3）口头说服。个体可以在他人的教育、劝说和引导下，参与某项工作，但这一因素的影响力相对较小。

（4）身心状态。个体可以对自己的生理状态进行主观评价，分析自己是否能胜任相应的任务。

McAuely 提出，如果个体怀疑自身是否具备参与并保持健康行为的能力，可通过多个策略提高其自我效能（见表 3.3）。②

表 3.3　增强自我效能的策略

自我效能来源	增进策略
成功体验	1. 循序渐进原则：逐渐增加锻炼的速度、持续时间和运动负荷 2. 使最初参与锻炼的个体成功机会最大化 3. 逐渐增加日常努力，如走路代替坐车等 4. 鼓励锻炼者记录完成的运动和生理指标变化

① 王健,何玉秀.健康体适能[M].北京:高等教育出版社,2010.

② 司琦.身体活动的行为科学理论综述[J].体育科学,2007(9).

续表

自我效能来源	增进策略
替代经历	1. 播放与锻炼者年龄、身体特性以及能力相似者成功的录像带 2. 通过团队和同伴的协作，提供经常性的专家示范 3. 组织锻炼者观看他人锻炼时的情景 4. 参与者体验：逐步让锻炼者体验到锻炼的困难，而逐步减少支持和帮助的力度
口头说服	1. 为锻炼者提供足够的有关为什么、怎么和在哪里进行锻炼的信息 2. 可以通过小册子、文章、录像带、电视、报纸以及讨论会等形式实现
身心状态	1. 确保锻炼者正确理解自身参与体育锻炼后的身体反应 2. 帮助他们解释这些生理变化的意义以及随着锻炼的进行这些生理反应将怎样变化

（二）自我效能与体力活动行为改变

自我效能理论是目前锻炼行为领域内最成功的理论之一。Salli & Hovell(1990)认为，自我效能是与锻炼行为联系最紧密的变量之一。[①] 无论是不同的社会背景，还是在不同的性别和年龄中，都有大量的研究结果表明，自我效能理论可较好地解释人们的健康行为。学者们尝试着将自我效能理论和健康信念模型融合起来，经过丰富的行为理论论证后，它在预测、解释、分析规划体力活动行为方面呈现出极大的准确性和稳定性。我国学者也应用自我效能理论开展了大量体力活动研究，包括自我效能的量表修订与应用、体育教育对学生自我效能的培养与激发、自我效能教学干预研究等方面。

以自我效能理论分析体力活动行为改变，就是让人们形成有能力完成并达到预期结果的信念，从而进行体育锻炼。一方面，可以加强科学健身的宣传，使人们愿意参与到体育锻炼中；另一方面，需对全民健身进行科学指导，帮助个体在某些体育锻炼项目中获得成功体验，从而增强效能感。

有学者认为，自我效能又可以分为锻炼效能、障碍效能、计划效能和特异疾病效能。体力活动和自我效能意识是相互作用的，自我效能可以增强人们的体力活动，适当的体育锻炼或参加其他的体力活动会刺激自我效能的增长。在体力活动的激发过程中，障碍效能至关重要。研究发现，人们有意识地增加

---

① 熊明生，周宗奎.锻炼行为理论的评价与展望[J].武汉体育学院学报，2009(4).

体力活动时,并不一定能迅速落实,其中主要原因就是,在行为改变的过程中或多或少会有一些障碍,有些人缺乏克服这种障碍的能力,障碍效能则能够激发人们投入体力活动时的信心和意志力。一些西方学者研究表明,有意识、有计划地开始体育锻炼的人要比无意识、无计划的人具备更强的克服障碍效能。还有研究表明,在体力活动的不同阶段,人们所表现出的克服障碍的效能是不一样的,处在越高的锻炼阶段,个人具有越高的克服障碍效能,而锻炼效能与个人是否经常参与有关。

三、计划行为理论

计划行为理论在各个领域都已经得到广泛应用,多项研究证实该理论在体力活动与健康领域能较好地预测人的行为。在该理论中,体力活动是一种自愿行为,其主要影响因素是参加体力活动的态度和意图。同时,该理论还考虑了周围环境对行为的影响。例如,青少年参加体力活动得到的教师、家长的社会支持,以及体力活动参与的物质条件。所以,正确的态度和必要的社会支持系统对于体力活动动机的激发至关重要。

计划行为理论认为行为意向的决定因素包括对行为的态度、主观准则和主观行为控制感,同时行为也会受行为控制感的直接影响(见图3.4)。行为意向强的人,往往他的态度积极、主观规范和行为控制感强,做某些事情的成功概率就会很高。主观准则的概念是人们在决策是否执行某特定行为时感知到的社会压力,也就是说人们感觉到他人对一起执行行为的过程和结果的希望,这会或多或少地影响到情绪和心态。因此,亲人、朋友和社会应该创造一个良好的体力活动氛围,鼓励或激发个体的体育锻炼意向,使其具有一个良好的心态,进而采取积极的行动。

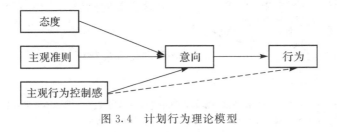

图 3.4　计划行为理论模型

　　计划行为理论允许研究者根据自身的研究目的、研究对象设计相应的开放性问卷或量表,这是目前解释和预测体力活动最成功的行为理论之一。但是,该理论没有将焦虑、完美主义等人格倾向列入考察范畴,也未调查受试者过往的体力活动经历。同时,个体在产生行为意图以后并不一定都能落实到行动之中。此外,该理论对主观行为控制和主观准则的界定还不够清晰。

　　我国学者应用该理论开展的青少年体力活动研究还比较有限。李京诚研究显示态度是影响大学生体育锻炼行为意图的重要因素。方敏发现在青少年锻炼意向和锻炼行为之间存在"行动计划"这一中介,它受主观行为控制感的直接影响。① 康茜等发现行为意向是青少年休闲性体力活动唯一直接影响因素,态度和主观行为控制可联合预测 33.2% 的行为意向变异量,主观准则对休闲性行为和行为意向的影响均无统计学意义。②

四、阶段变化模型理论

(一)阶段变化模型的理论简介

　　阶段变化模型主要包括变化阶段、变化过程、自我效能和决策平衡四个内容。阶段变化模型的 4 个内容形成了变化阶段、变化结构和变化水平共 3 个维度的变化。其中第一个维度"变化阶段"在运动科学领域中应用最多。在一些研究中,阶段变化模型又被称为跨理论模型(Transtheoretical Model,TTM)。

　　阶段变化模型结合了当前人们的生活方式,以及人们改变或坚持现有生活方式的意愿。该理论认为,人的行为过程需要一系列的准备阶段,它们分别是前意向阶段、意向阶段、准备阶段、行动阶段、保持阶段。只有经历了这 5 个阶段,才是一个完整的心理发展过程。对处于不同阶段的个体,应该给予有针对性的支持和干预,主要表现在:

　　(1)前意向阶段(Pre-contemplation)。人们对新事物没有任何的了解,对

---

　　① 方敏. 基于计划行为理论拓展模型的青少年锻炼行为研究[J]. 武汉体育学院学报,2011(4).

　　② 康茜,王丽娟. 基于计划行为理论分析青少年休闲性体力活动的影响因素[J]. 中国学校卫生,2016(6).

行为的改变也没有任何的思想准备,这一阶段最重要的应该是提供一些积极的信息,提高他认识事物的水平,帮助其建立健康行为的初步意向。

(2)意向阶段(Contemplation)。人们对自身的情况已经有了一定的了解,并且也对问题引起了重视,但是还在犹豫要不要改变现状。这一阶段应该激发改变行为的动机,引导其积极改变现状。

(3)准备阶段(Preparation)。人们对自身的情况已经完全认识清楚,并积极思考应对的方案,准备开始改变行为。这一阶段应该是提供方法或技能,鼓励尝试,并提供必要的环境支持。

(4)行动阶段(Action)。此阶段人们会采取行动,开始新的行为。这一阶段应该给予足够的支持鼓励,提供支持性环境。

(5)保持阶段(Maintenance)。也就是行为巩固阶段。应该继续提供各个方面的支持,做到不断强化,以防后续会发生类似的不良行为。

(二)阶段变化模型与体力活动行为改变

1. 变化阶段(Stages of Change)

应用阶段变化模型开展的体力活动研究可追溯到 20 世纪 90 年代。最成功的应用案例就是澳大利亚全科医生应用该理论对处于不同健康状况的人群制定了适合自身健康状况的干预方案。如果要对人群的体育锻炼行为进行干预,那么就需要针对不同的人群,提出不同的干预目标和干预方案。在实际工作中,还要根据人们所处的行为改变阶段不同,采取不同的干预手段。改变行为的阶段及策略如下:

(1)前意向阶段。人们多数时间是坐着,很少运动,并且没有任何的意愿要改变这种情况。在对于接下来的 6 个月中是否要改变自身的体力活动水平并没有认真地思考。处在前意向阶段或意向阶段的人们,干预的目的是促使他们采取行动。在这一阶段认知干预的效果最好,体力活动相关信息的宣传能够增加人们对健身知识的了解,从而改变人们的健身态度,引导他们建立体力活动意向。

(2)意向阶段。人们多数时间仍然处于静坐少动状态,但是对于未来有规律的锻炼,已经有所打算。在这一阶段,行为干预策略是干预效果最好的形式。最关键的是要利用相关的一些信息来吸引人们的注意力,使他们从前意向阶段过渡到意向阶段。

（3）准备阶段。人们开始有意识地增加体力活动，不过运动量不是很大，没有达到锻炼身体的目的，但是他们已经决定在未来的 30 天内，会加大运动量。健康风险评估和相关体质测试可以加强人们对运动效益的信念，是增强体力活动意向的有效方法。

（4）行动阶段。这个阶段已经进行体力活动超过 6 周，他们改变行为的动机很强烈，感觉到运动的必要性，具备克服障碍的心理准备。但是，这也是一个不稳定的阶段，有时候人们会坚持不下去，然后又回归到最开始的状态。由于在行动阶段人们退出运动方案的可能性较大，这一阶段必须提供强有力的支持，比如相关的健身指导、足够的时间保障、专业的损伤预防措施等。

（5）保持阶段。坚持有规律的锻炼 6 个月以上，已经形成了习惯，回到初始状态的风险较低。在保持阶段，人们的退出风险较低，重新评估体力活动的效益、调整运动处方等干预策略比较有效。

2. 决策平衡（Decisional Balance）

人们在决定是否能坚持的时候，会对改变行为获得的成本（Costs）、效益（Benefit）和付出的代价进行比较和分析。效益的概念是改变行为以后所获得的好处；成本的概念是改变行为所花的代价。在改变体力活动的行为中，人们坚持有规律的体力活动，会使身体健康状况得到改善，体质水平得到提高，但是也产生了时间成本，如会失去在家看电视的时间和与朋友一起出去放松的机会。此外，有些体力活动还可能需要一定的经济成本。

3. 自我效能

自我效能主要是指是否有信心采取行动和克服障碍，包括自信心（Confidence）和抵抗诱惑的能力。自信心是指相信自己在面对各种困难时，都能采取正确的解决办法的行为。诱惑（Temptation）是指诱使人们放弃积极迎接挑战的行为。比如减肥过程中必须要抵制美食和安逸生活的诱惑，并且有足够的信心去长期坚持体育锻炼。

4. 变化过程（Processes of Change）

描述行为改变中心理变化的过程。包括提高认识、缓解紧张情绪、自我再评价、环境再评价 10 方面（见表 3.4）。每个人都处在不同阶段，我们从一个阶段转变到另一个阶段的时候,心理上也都会有不同的变化。执行正确行为干预的同时,首先干预者必须了解人们的行为处于哪一阶段,掌握并确定每一阶段的需求,制定有针对性的措施来帮助他们进入下一阶段。前两阶段,需先促使人们去进行思考,认识到不健康行为的危害和不良后果,权衡行为改变的成本和效益,有意向去建立改变的行为动机;第三阶段,应促使其做出决定,改变其不健康行为;第四、第五阶段,可应用环境改变来减少或消除危害健康的行为,通过不断的自我强化和学会信任来进行支持行为的改变。不正确或不理想的干预,都会导致人们停滞在现阶段,严重的甚至会后退。

表 3.4　阶段变化模型中人的行为变化过程

序号	变化过程	具体表现
1	提高认识	指发现和学习新知识、新观念,向积极行为的方向努力
2	缓解紧张情绪	由于不积极的行为产生的消极的影响,比如害怕、焦虑、担心等,这种情绪体验有利于促使人们采取适当行为来减少负面行为的影响
3	自我再评价	认识到行为改变是人的本性的重要组成部分
4	环境再评价	如果注意到自己周围的环境中存在着负面行为的消极的影响,以及正面行为的积极影响
5	自我解放	为了追求自己的理想,做出要改变自己行为的决定
6	寻求帮助	在健康行为的建立过程中,向社会寻求支持和帮助
7	逆向制约	指用一种健康的行为去取代另一种有危害的不健康行为
8	应变管理	指对健康行为和不健康行为进行奖惩
9	刺激控制	指消除不健康行为的促发因素,增加健康行为的促发因素
10	社会解放	现阶段社会流行的风气和习惯的变化

(三)相关研究概况

Marcus 等学者在 1992 年开发了《变化阶段量表》,并在后续研究中开发出测量其他因子的量表,经过不断改良,目前较成熟的量表包括《均衡决策量表》《自我效能量表》和《变化过程分量表》等。2006 年 Spencer 的综述发现,大量相关研究旨在验证阶段变化模型的效度,而真正将阶段变化模型应用于健康行为干预的研究仅占约四分之一。我国学者从 1998 年将该理论引入体力活动行为研究领域,2005 年司琦应用阶段变化理论将我国大学生锻炼行为分为 5 个阶段(漠视阶段、条件依存阶段、准备阶段、行动阶段和维持阶段),为大学生体育锻炼行为干预提供了理论依据。2013 年,司琦对我国体力活动领域的相关研究进行了系统性综述,发现以青少年为对象的研究共有八项,涉及样本总含量 9744 人。其中,处于前预期阶段、预期阶段、准备阶段、行动阶段和维持阶段的青少年分别占 12.9%、23.1%、37.1%、14.7%和 12.2%,仅不足三成的青少年坚持规律锻炼。2012 年,马勇占对 704 名大学生的研究显示,自我效能和变化阶段在变化过程与体力活动之间扮演着中介角色,变化过程可经由三条路径对体力活动产生显著的间接影响,第一条路径为"变化过程→自我效能→体力活动",其中介强度最强,约占总效应的一半;第二条路径为"变化过程→自我效能→变化阶段→体力活动",此路径的中介强度为 28.3%;第三条路径为"变化过程→变化阶段→体力活动",该路径的中介强度为 19.7%。[①] 2014 年,杨剑采用阶段变化理论干预和分析肥胖儿童的体育锻炼行为,发现干预第一个月至第六个月,肥胖儿童的自尊和自我效能在不断增加,不同阶段的多重比较显示自我效能存在统计学差异,提示阶段变化模型的应用有利于强化肥胖学生的锻炼动机。[②]

五、群体动力论

群体动力论是在 20 世纪 30 年代由 Lewin 首先提出的一种小群体理论,其主要研究的是内部互动作用,包括群体规范、群体凝聚力、群体压力等内容。Lewin 认为,群体是一个行为的整体,群体行为的动力由群体中每个人的活动、相互影响和情绪所构成。[③] 群体动力论可指导人们从内因的角度去研究群体行为的规律,从群体成员关系、群体氛围等因素去分析群体行为的变化过

① 马勇占,毛志雄,王东升. 跨理论模型中自我效能、变化阶段对变化过程和身体活动关系的中介效应[J]. 天津体育学院学报,2012(1).
② 杨剑,季浏,杨文礼,等. 基于体育锻炼的阶段变化模型干预对肥胖小学生自我效能、自尊及体重影响的研究[J]. 天津体育学院学报,2014(3).
③ 王敏.群体动力论在大学生入学教育中的应用[J].太原城市职业技术学院学报,2015(9).

程,从而捋顺个体、群体和社会三位一体的关系。该理论可应用于具有共同生活背景或价值观的人群,比如老年人、上班人群等,他们的体力活动行为习惯往往受家人、朋友、同事等"同质"人群的影响较大。

我国 2007 年的群众体育现状调查显示,人们的体力活动具有显著的群体性特征。一般情况下,人们更喜欢与同事、朋友一起参加体育锻炼。因此,利用这一特点进行职业人群工作场所或业余时间体育锻炼的健康促进规划设计,可以起到很好的体力活动促进效果。

六、身体意象相关理论

身体意象是指一个人对自己身体的主观意象,即心中所呈现的身体大小、形态、体格及对这些特征和身体部位的情感反应。身体意象可分为知觉和态度两部分,知觉是指对身体形态的主观评价,态度是指在评价身体后获得的情感。性别、年龄、文化、舆论、性格等都会对身体意象造成影响,通常女性更倾向于减体重,男性倾向于更加强壮。

与身体意象相关的理论包括自我图式理论、自我差异理论和社会比较理论等。自我图式理论认为,某些信息会激活个体对自身形体的图式性评价与信息处理,并产生自我调整行为。自我差异理论认为,在现实我、理想我和准则我三者之间存在的差异会引起情绪反应。社会比较理论认为,个体在外形、行为等方面都具有社会比较的特性,并会产生相应的情绪反映。

身体意象可能促进人建立健康行为的意图,但也可能引发自尊水平下降、抑郁和社会性体型焦虑等心理问题。Martin 等对女运动员的研究发现,自尊、体重控制和主观身体意识可在较大程度上解释女运动员的社会性体型焦虑。目前,采用身体意象相关理论对青少年体力活动的研究还较少。

七、生态学理论

在 20 世纪 70 年代,美国著名的心理学家布朗芬布伦纳首次提出生态学理论(Ecological Theory)思路,在 70 年代正式确定了其学说框架——生态系统理论,并将其设定为微观系统和宏观系统两大部分。生态系统理论主要表达了个体与生物因素和环境因素的交互作用,主要强调了环境因素对人类的行为的重大影响。根据这一思路,部分学者将生态模型搭建为四大系统,分别是微观系统、中间系统、外围系统和宏观系统。其中,微观系统由社会特性(如言语支持)和物理特性(如安全的锻炼场地)构成;中间系统包括了至少两个微观系统,并且交互作用对体力活动产生影响;外围系统主要由对个体无直接影响的多个微观系统组成,如大众媒体、网络等;宏观系统主要指环境情景,包括宏观政策、体育文化、城市化、现代化等方面。

1992 年,Stokols 建立了健康促进的社会生态学框架模型,指出人们的健康行为受到社会环境和自然环境的多层影响,改变人们的行为最好的办法就是从多个层面进行综合干预。2000 年,Emmons 将机构对个人健康行为影响融入生态学理论之中,进一步完善了该理论的模型框架。随着研究的深入,学者们逐渐形成了生态学理论框架的共识,即人们的健康行为主要受公共政策、机构水平、个体水平、人际水平和社区水平 5 个层面的影响。

社会生态学及其衍生的相关理论,突破了传统健康促进理论专注个人因素的论述,因此近年来社会生态学的潜力和优势逐渐得到公共卫生领域的认同。社会生态学研究不局限于某一水平层次,而是强调分析影响健康行为的多维因素、多维因素的交互作用,以及环境对个体的多重影响。作为一个多层次、多视角的现代理论框架,在过去的几十年中,社会生态学模型被广泛运用于禁烟、校园暴力、慢性病的预防等公众领域。

社会生态学与青少年的体力活动方面的相关研究起始于 20 世纪 90 年代,相关研究显示,青少年的体力活动受到青少年自身、人际关系、组织机构、社区以及公共政策多个层面因素的直接或间接影响,并以此构建出社会生态学与青少年体力活动相关的核心框架。根据青少年的身体发育、心理和行为等特点,学者们初步构建出关于青少年体力活动促进的模型(见图 3.5),并在此基础上灵活运用社会生态学理论框架对青少年的体力活动进行干预。

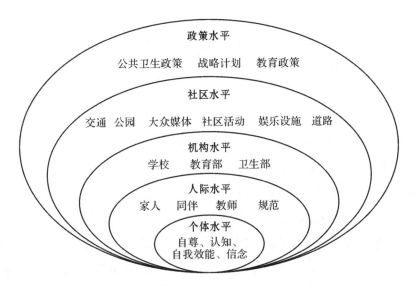

图 3.5 青少年体力活动的社会生态学模型

八、生命史理论——基于进化论的行为理论

(一)生命史理论的基本内容

生命史理论(Life History Theory)是进化心理学的代表性理论之一。进化论主张人类的生理、心理和行为是在漫长的自然选择(Natural Selection)作用下演进、发展并遗传下来的,自然选择是指生物在生存斗争中适者生存、不适者被淘汰的现象,是人类进化的核心动力。自然选择会使人类做出适应性的改变,那些适应于自然选择的基因更利于生存和繁衍,因而被一代代遗传下来。生命史理论进一步认为,所有生命体都面临着如何权衡分配时间、精力、物质、能量等有限资源的问题,自然选择偏好于那些做出最佳权衡的个体。因此,生命史理论从物种进化、生命历程、环境状况、资源分配等角度系统分析生命体的行为决策机制,在人类生育、健康、投机等行为研究中已得到广泛应用。目前已有大量与生命史理论相关的体力活动行为研究证据,越来越多的研究证实个体的早期生活经历对后期体力活动行为具有重大影响,还有许多学者提出人类的进化历程也是当前体力活动不足和慢性病高发的重要因素,这为体力活动研究提供了新的视角和思路。

　　策略(Strategy)和权衡(Trade-off)是生命史理论的两个重要概念。在与外界环境的互动过程中,人类始终在寻求最优策略,以达到适应外界环境、促进生存与繁衍的目的。权衡是指生命体对资源做出分配策略的过程。进化心理学家认为,人类在形成生命史策略的过程中始终面临着躯体努力(Somatic Effort)与繁衍努力(Reproductive Effort)之间的权衡(见表3.5)。躯体努力主要指在体格、技能、成长等方面对自身的投入,包括个体成长发育、维持和修复身体机能,以及为未来发展做准备的各种努力,又可分为躯体维持(Maintenance)和躯体成长(Growth)两个维度。繁衍努力是指在求偶、繁殖、养育子女等方面的投入,它又包括3方面的权衡:(1)现在—未来繁殖权衡(Present-future Reproduction Trade-off);(2)求偶—养育权衡(Mating-parenting Effort Trade-off);(3)后代数量—质量权衡(Quantity-quality of Offspring Trade-off)。

表 3.5　体力活动的生命史权衡

基本权衡	权衡的亚型	
躯体努力	躯体维持	躯体成长
繁衍努力	现在繁殖	未来繁殖
	求偶	养育
	后代数量	后代质量

　　为研究个体在特定环境下的权衡过程,生命史理论应用了成本—收益分析(Cost-benefit Analysis)方法,即个体在权衡过程中会比较不同策略的成本和收益,并做出使收益大于成本的策略。例如,原始人在选择捕猎策略时,会本能地预估获取的能量是否大于消耗的能量,从而做出能量收益最大化的决策。由于生命史理论以进化论为基础,而当代原住民还保持着人类祖先的许多生活方式和思维模式,因此在生命史研究中常以当代原住民为例来分析成本与收益对权衡的影响。

　　生命史理论认为生命体的发展是一个连续而系统的过程。Ellis等以生存与繁衍为主线,将人类的生命史策略归纳为"慢策略"与"快策略"的权衡过程(Fast-slow Strategy)。"慢策略"是一种质量取向的繁衍策略,倾向于优先做出躯体努力,而推迟繁衍努力,从而确保后代的质量。"慢策略"还体现出成熟与老化更慢、初次性行为和生育年龄更晚、性伴侣更稳定、冲动性和冒险性更低等特征。"快策略"是一种数量取向的繁衍策略,倾向于更早的求偶与繁殖行为,更看重短期收益。这种快、慢策略的分类方法被广泛运用到性行为、道德行为等方面的研究。但是,由于个体体力活动行为决策受其所处环境的影响较大,从快、慢策略角度开展的体力活动研究还较少。

为了测量个体的生命史策略,学者们开发了《亚利桑那生命史量表》(Arizona Life History Battery,ALHB)及其分量表 Mini-K 量表,这是目前最全面的一项生命史策略直接测量工具。ALHB 包含了 199 个条目,主要测量与生命史策略相关的认知和行为。Mini-K 量表是 ALHB 的一部分,由于其条目较少,信效度较高,也可用于替代 ALHB 使用。此外,High-K Strategy 量表(HKSS)也可直接测量生命史策略,它主要测量受试者是否具有良好的健康状况、对环境安全/稳定性的知觉,以及积极的自我概念/社会成就等与慢策略相关的特质,具有良好的结构效度和内部一致性系数($\alpha=0.92$)。

环境因素、早期经历以及生物学指标也可用于间接测量生命史策略。环境因素可以测量社会经济地位、当地犯罪率、当地疾病/死亡发生率等客观指标,或对邻居暴力行为、亲属疾病情况及个体对生活环境的主观感知指标。早期经历可测量婴幼儿或童年阶段的生活状况,以及父母的失业、搬家与离异经历等指标。生物学指标方面,有学者采用自由基水平和 8-羟化脱氧鸟苷等指标来反映个体的氧化应激水平,进而推测其生命史策略。

(二)体力活动的生命史因素

1. 最近机制

在自然选择压力下,人类如何建立适应环境的能量分配和体力活动行为模式呢?生命史理论在对进化机制的分析基础之上,从"成本—收益"权衡的角度分析了个体建立体力活动策略的最近机制。该理论认为机体主要将能量分配到三方面:(1)生存与维系;(2)生长发育;(3)繁殖。个体根据能量的可得性和所处环境等因素做出适合自己的能量分配策略,在能量缺乏时必须判别哪一方面最需要能量。体力活动既需要消耗能量又可获取能量,因此个体必须权衡体力活动的成本和收益以做出最优策略。

人类体力活动的成本包括能量成本、时间成本和受伤风险等方面。有研究显示静息状态下肌肉的能耗已占机体总能耗的 40%，提示能量成本是体力活动成本的主要方面。为了更好地适应环境，人类在进化过程中逐渐建立了降低能量成本的本能并遗传至今，使得人们更愿意选择成本较低、收益较大的体力活动方式，这可能是现代人职业性体力活动大幅降低的主要原因。此外，性别、基因变异、表观遗传学改变、免疫系统负担、资源的可得性、社会经济地位等因素都会影响到个体的体力活动成本。人类体力活动的直接收益主要是获取食物(能量)、求偶、御敌等方面，其间接收益包括身体、情感、交际等层面的健康收益，但这些间接收益在近几十年才逐渐得到重视。

人类生理系统也同样建立了适应于自然选择的能量分配机制，其中下丘脑—垂体—性腺轴(HPG 轴)和下丘脑—垂体—肾上腺轴(HPA 轴)可能是影响体力活动生命史策略的主要生理机制之一。研究显示，女性急性运动后雌二醇和黄体酮水平急剧上升，有利于脂肪组织的动员，但是长期中高强度运动锻炼又可降低雌二醇水平，以预防体力活动消耗过多的能量。在能量匮乏的极端环境下，女性会本能地将能量分配到维持生存方面，可能通过流产等方式放弃在繁殖中可能带来的能量消耗。在 HPA 轴，皮质醇在机体能量分配中扮演着重要角色。急性运动后皮质醇和儿茶酚胺快速上升，刺激了自由脂肪酸的动员和肝脏糖异生。长期体力活动后，机体的皮质醇反应降低，体力活动的能耗减少。此外，中枢神经系统也可以通过对疲劳和压力的感知来调节体力活动对肌纤维的募集，预防体力活动引起的机体损伤和过度疲劳。可见，长期体力活动会使生理系统建立适应性和保护性机制，这是机体预防体力活动能耗过多的一种体现。

2. 生命阶段

(1)胎儿与婴幼儿阶段。生命史理论认为，母体环境会使个体建立对生长环境的基础感知，进而影响其生命史策略的选择。一些进化论学者提出，生命初期面临能量不足会使能量分配体系产生预测性适应反应(Predictive Adaptive Responses，PARs)来适应成长过程中可能面临的资源不足，使成年后能量代谢更加"节约"，这些适应性改变包括体型紧凑、肌肉较少、更善于储存脂肪、胰岛素抵抗、血管密度低以及生育年龄早等。

在胎儿阶段,大脑发育所需能耗占总能耗的 $50\% \sim 60\%$,这一阶段营养不良对后期的发育、健康及体力活动都具有重要影响。例如,出生体重低可能与成年后高血压、Ⅱ型糖尿病及心血管疾病有关,因此有学者将这一现象称为成年疾病的母体因素。Jasienska 对波兰郊区妇女的研究发现,以出生时的体重指数(Ponderal Index,PI,单位 kg/m^3)来分类,PI 高的人群在胎儿期间能量压力较小,成年后对体力活动的敏感性低,而 PI 低的女性成年后其生殖系统对能量的需求更敏感,更倾向于储存能量。Andersen 对斯堪的纳维亚原住民研究的 Meta 分析显示,出生体重低于平均值的个体在成年后的休闲性体力活动较低,Baraldi 和 Workman 也发现此类人在成年后的肌肉工作能耗较大、效率较低。

上述发现似乎可以支持以下假设:胎儿或婴幼儿时期如果营养供给不足,可能导致成年后体力活动成本较高,促使机体建立保守型的能量分配策略,从而倾向于减少非必要性的体力活动。在工业社会以前的进化历程中,这种能量分配体系有利于人类的生存与繁衍,但进入工业社会后,胎儿和婴儿时期能量不足的个体在后期可能会面临能量富余的生长环境,这种不匹配会导致肥胖等一系列因能量过剩所产生的负面作用。一项大鼠实验显示,母体营养不良的个体后期往往体力活动较低,其中体力活动量最低的是母体营养不良且在出生后高热量饲养的个体,该研究结果在一定程度上验证了上述理论假设。

(2)儿童阶段。儿童时期的食物供给主要依赖于父母,其体力活动主要面临着与躯体成长之间的能耗权衡。一项动物研究发现,猿猴幼儿时期的玩耍虽然有利于运动能力的提升,但玩耍过多也可能导致生长发育迟缓,提示在生长和体力活动之间存在能耗权衡。总体上看,生命史理论认为健康的、正常喂养的、环境安全的儿童会参加更多的体力活动。儿童时期如果参加体力活动较多,体力活动环境较好,往往成年后体力活动水平较高。相反,早期经历多个负面生活事件会使成年后休闲性体力活动量降低,其中重大负面事件会对休闲性体力活动行为产生巨大影响。

(3)青春发育阶段。到达青春发育期之后,个体生长发育和性成熟加快,能量分配的权衡需要向生长和生殖成熟的方向进一步倾斜,这又导致了新一层面的能耗权衡,青少年的睡眠时间延长,生活方式变得更慵懒,体力活动量下降。对提斯曼 8～22 岁青少年的研究表明,随着青春期发育,静态行为时间明显提高,发育阶段、年龄和性别这三个变量共计可以预测 51% 的静态行为时间。排除年龄和性别因素,仅发育阶段也可以独立预测体力活动的下降。美国一项大样本量调研显示,随着年龄的增长,青少年达到体力活动推荐量的比例从儿童时期的 42% 下降到青春期的 8%。另一项对欧洲儿童青少年的研究也显示,15 岁青少年的体力活动达标率比 9 岁儿童低 15%。可见,由于青春期存在多种能耗权衡,体力活动存在明显的下降趋势,因此这一时期是建立体力活动习惯的关键时期。

3. 生命状况

个体的生命状况是影响体力活动权衡的直接因素,包括个体免疫状况、身体成分、经济地位等方面。儿童面临的寄生虫和传染性疾病威胁较大,这些因素会导致免疫系统负担加重,能量需求增加,进而影响到儿童的生长发育与生存质量。Blackwell 发现厄瓜多尔舒阿尔族青少年土著居民中,受肠寄生虫侵袭较严重的个体普遍 IgE 水平较高,身材较矮。对提斯曼 2～10 岁土著儿童的研究表明,CRP 水平较高且体脂率较低儿童的生长发育明显落后与低 CRP 水平的儿童。同样,儿童时期免疫系统占用过多能量也会影响体力活动与免疫之间的能耗权衡。有研究证实,生活环境中长期存在大量病原体和感染风险或者缺乏能量,都会导致男性睾酮水平低下,进而对成年后的体力活动、择偶和养育后代等行为造成负面影响。

健康状况与经济地位对体力活动权衡的影响也得到了证实。研究显示,静态生活方式与自评健康状况呈负相关关系,超重肥胖、"三高"症状等健康风险因素会降低个体的体力活动水平。Droomers 研究发现,收入、就业与生活条件等物质因素在荷兰成年人体力活动因素分析中可解释约 40%。另一些研究证实,体力活动不足与个人的社会经济地位呈正相关关系,生活设施自动化程度高的人群更易出现体力活动不足的现象。与蓝领工人相比,白领工人的职业性体力活动水平较低,休闲性体力活动水平较高。

4. 环境因素

影响体力活动的环境因素包括建成环境、人际环境、政策与文化环境等多个方面。近年来大量研究已经证实了建成环境对体力活动的影响,其中安全性是影响个体参与体力活动的重要因素,这在儿童群体中尤其突出。在人类进化的绝大部分时间内,为了确保安全又获得足够能量,年长的儿童会留守在住所照顾低龄儿童,从而让父母有更多的时间去获取食物。在环境较安全且食物获取方式比较简单的前提下,儿童则可较早地参与食物获取的劳作之中。对现代社会的研究也发现,儿童的体力活动主要集中在学校以及住所周边的范围,在交通拥挤环境下的体力活动较少,这也反映了儿童对环境安全性的需求。此外,环境的体力活动适宜度也是体力活动的重要影响因素,健身步道和优美的环境都有助于居民体力活动水平的提高。

体力活动水平还与种族文化密切相关。一项对美国儿童的研究发现移民儿童的体力活动参与率明显低于本土儿童,美国本土的孩子体力活动不足发生率约为 9.5%,而亚裔移民后代的发生率为 32%,在拉美裔移民后代中则高达 67%;在本地儿童中,黑人及拉美裔、西班牙裔儿童的看电视时间比本地白人儿童高 2.3 倍,体力活动不足发生率高 2 倍。由于不同种族的性别文化差异,女性体力活动受种族文化的影响尤其明显。例如,哥伦比亚 Yapu 和巴西 Caxiuanā 森林的两个不同种族的女性,虽然都具有相似的食物、生产方式、季节气候,但她们的体脂含量及体力活动都有巨大区别(PAL 分别为 1.77 和 1.55),其原因在于 Yapu 的女性负责所有的农业劳作,而 Caxiuanā 的男性会分担许多农业劳作,并担负起制造农作工具的主要任务。

家庭环境也会影响到体力活动水平。Maia 研究表明,在家庭人群中,影响体力活动量的亲情关系依次为兄弟姊妹、配偶关系和亲子关系,影响体力活动参与的亲情关系依次为配偶关系、亲子关系和兄弟姊妹;父亲和母亲对子女的体力活动水平和锻炼习惯的影响无显著性差异;单身女性和有多个性伴侣的个体缺乏体力活动的可能性较大。此外,中国儿童中心 2012 年在 5 个省会城市的调查显示,母亲学历越低,儿童课余时间看电视、玩手机的时间越长。母亲为初中及以下学历水平的孩子平均每天看电视时间为 0.96 小时,母亲为研究生以上学历的孩子平均每天看电视时间为 0.72 小时。[①]

---

① 中国儿童中心.中国城市儿童户外活动蓝皮书[R].北京:2012。

(三)体力活动的生命史因素模型

美国学者 Caldwell 在系统梳理体力活动影响因素之后,提出了解释体力活动的生命史因素模型(见图 3.6)。

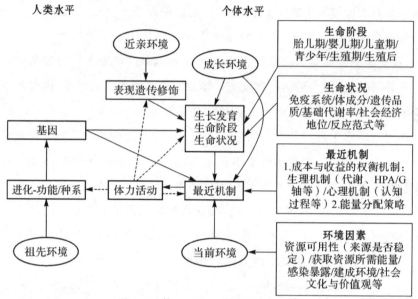

图 3.6 体力活动生命史理论模型[①]

该模型将体力活动的生命史因素划分为"人类水平"和"个体水平"。在"人类水平",自然选择通过长期进化过程塑造了人类体力活动"最终机制",这一机制又通过基因遗传影响了个体的生长发育等生命历程。在"个体水平",生命历程和环境因素共同作用于体力活动的"最近机制",后者对体力活动权衡产生直接影响。在这些因素的影响下,个体基因型可以产生一系列的表型表达反应,即反应范式(Reaction Norm),这些表型表达的变化并不一定会产生基因层面的改变,但是它们是一种受自然选择所青睐的可灵活改变的弹性机制。当这种变化产生了基因水平的可逆的、可遗传的改变时,可称之为表观遗传修饰(Epigenetics)。总之,"人类水平"和"个体水平"的生命史因素共同影响了体力活动行为策略,这些因素与体力活动之间相互作用,使该模型呈现循环关联的形态。

---

① Caldwell A E. Human physical fitness and activity[M]. Switzerland: Springer International Publishing,2016.

第四章　青少年体力活动与健康测评

　　要科学开展体力活动促进工作,必需要对体力活动和健康进行量化评估,从而深入探讨体力活动与健康之间的量效关系。因此,体力活动与健康的测量与评价是健康促进工作的前提,可为科学开展全民健身提供依据。

第一节　青少年体力活动的能量代谢

　　能量代谢是指生物体在物质代谢过程中所伴随的能量释放、贮存、转移和利用等功能。每个人每天能量的消耗由三部分组成,即基础代谢(Basal Metabolism)、体力活动和食物热效应。保持能量摄取与能量消耗的平衡状态,才能保持体重恒定。若是摄入的能量多,能量消耗少,人体就处于能量正平衡状态,会导致体内能量蓄积,久而久之,体重和脂肪百分比就会增加。反之,如果机体处于能量负平衡状态,体重就会逐渐下降。

　　每个人正常每天各类的能量消耗的比例为:(1)基础代谢,大约占总能量消耗的60%~70%;(2)体力活动,大约占总能量消耗的20%~30%;(3)食物的特殊动力学作用,大约占10%。可见,基础代谢在人体能量消耗中占比最高,影响基础代谢的主要因素是年龄、性别、身体成分等。体力活动能量消耗虽然低于基础代谢,但它是个体日常能量消耗中可调节性最强的部分,对维持健康至关重要。

一、基础代谢

基础代谢是指人体维持生命的所有器官所需要的最低能量需要。[1] 基础代谢率则是指人体在基础状态下单位时间内的能量代谢。这里所讲的基础状态是指人体在清醒而又极端安静的状态下,不受外界影响。

测试基础代谢率具有明确的时间要求,即在早晨清醒、安静、空腹状态下进行测试,环境温度为 18~25℃。测试前受试者不能做剧烈活动,要平躺,放松肌肉,应尽量排除肌肉活动的影响。此外,还应要求受试者排除精神紧张的影响,避免产生焦虑、烦恼、恐惧等心理活动。影响基础代谢率的因素还有甲状腺功能的增加和低下,甲状腺功能亢进的病人机体热产生增加,机体的基础代谢率增加,常常因能量消耗较大而消瘦。当甲状腺功能低下时,基础代谢率也下降。此外,男性基础代谢率稍高于女性。生长期的婴儿基础代谢率较高,儿童基础代谢率约较成人高 10%~15%,约占总能耗的 50%,随着年龄、体表面积的增长,基础代谢率逐渐降低。通常情况下,人体的正常基础代谢率比较稳定,一个正常成年人的代谢率在 20 年内都不会有太大波动(正常值的5%~10%)。

二、体力活动能量消耗

体力活动的能量消耗又称为运动的生热效应,日常体力活动是影响机体能量消耗的主要部分,约占人体能量消耗比重的 40%。体力活动所消耗的能量取决于其持续时间长短和强度大小。常见的中等强度体力活动的能耗大约是基础代谢的 3~5 倍,高强度体力活动的能耗约为基础代谢的 6~8 倍,重度体力活动的能耗可达基础代谢的 9 倍以上。生理学家们通过多年的科学研究,确定了代表性的日常体力活动的能耗水平,见表 4.1。

---

[1] 张亚军,陈佩杰,王茹. 肥胖青少年基础代谢率实测值与公式推测值的一致性研究[J]. 中国运动医学杂志,2012(4).

表 4.1　日常体力活动能量消耗水平　　　　　　　　　　　　单位:MET

序号	能量消耗	活动类型	活动状况
1	14.0	骑自行车	路况为土路、上坡或费力骑行
2	6.8	骑自行车	16.1～19.2km/h,休闲、较慢
3	5.0	一般体能锻炼	蹲起、慢速或短跑练习
4	5.0	舞蹈	芭蕾、现代或民族舞
5	3.5	钓鱼狩猎	岸边、站姿
6	2.5	简单家务劳动	洗碗、收桌子、拖地
7	3.0	家庭维修	维修家具、一般电器
8	1.3	非活动状态	静坐、看电视、看书报
9	3.5	园艺	清洁灌木丛、浇花
10	3.5	杂项	观光、旅行、休闲度假
11	2.0	乐器演奏	吉他、手风琴
12	1.5	职业活动	轻松(伏案、阅读)
13	7.0	跑步	慢跑、快走
14	1.8	生活自理	座便(不包括站位和蹲位)、洗漱
15	3.0	休闲性传统体育活动	太极、气功
16	4.3	步行	快速
17	4.8	水上活动	游泳、仰泳、休闲
18	7.0	冬季活动	溜冰

为了符合我们的理解习惯,需要把能量消耗相对值(MET)换算成能量消耗绝对值(千卡)。目前国际上公认的最简便的换算公式是"kCal/min＝METs×3.5×体重/200"。要计算某段时间的总能耗,则需要再乘以体力活动的总时间。

例如,一个体重为 40 kg 的女生,她选择慢跑作为锻炼方式,持续时间半个小时,那么她这次慢跑活动的能耗约为 7×3.5×40×30÷200＝147(kCal)。

参照上述的计算公式,若还是这个 40kg 的女生,她完成以下运动的能量消耗绝对值大概是:

拼命骑自行车 30 分钟约耗能 294 kCal;

慢骑自行车 30 分钟约耗能 142.8 kCal；

一般体能锻炼或有氧舞蹈 30 分钟约耗能 105 kCal；

快走 30 分钟约耗能 90.3 kCal；

家务劳动 30 分钟约耗能 52.5kCal；

看电视约耗能 27.3 kCal。

三、食物热效应和生长

食物热效应又称为食物的特殊动力作用，它是指由于进食而引起能量消耗增加的现象，主要是指对食物进行消化、吸收和代谢的过程中所消耗的能量。食物热效应主要与食物的类别有关，由于进食蛋白质的消化和吸收时间较长，消耗的能量也较大。但进食糖和脂肪时所消耗的能耗较低，大约只占基础代谢的 4％。婴幼儿进食以蛋白质为主，所以食物热效应在总能耗中所占比重高于成年人，随着年龄增加，饮食逐渐向混合型食物转变，食物热效应所占能耗比重也随之降低。

另外，婴幼儿、儿童青少年等正在发育中的人体需要额外消耗更多的能量以维持正常的生长发育，促进新的组织生长，满足新陈代谢的能量需求。一般来说，用于生长发育的能耗与总能耗的比例大致应为：婴儿期 25％～30％，学龄前儿童 15％～16％，学龄初期儿童 10％，青春发育期少年 13％～15％。

第二节　青少年体力活动的测量与评价

一、体力活动的测量与评价方法

体力活动除了以类别进行区分以外，还可以从多个指标对其进行测量与评价，一般包括频率、持续时间、强度等。其中，频率一般是指在一定的时间内体力活动的次数（如一周），持续时间是指一次体力活动所用的时间；强度是指参加体力活动的生理努力程度。体力活动强度、体力活动水平及体力活动总量的评价主要都依靠对体力活动能量消耗的测量。测量方法要考虑测量的可靠性、有效性、敏感性，还要考虑评价内容和研究目标。

（一）可靠性

可靠性又称信度，就是指测验结果是否反映了被测者的稳定的、一贯性的真实表现。是指用同一测验，在不同时间对同一施测对象进行两次测验，这两次测量得分的相关系数称为重测系数。如使用某种测试仪进行测量时，首先要对仪器进行可靠性评估。

（二）有效性

有效性又称效度，主要指测量工具或手段能够准确测出被测事物的程度。效度是科学的测量工具所必须具备的最重要条件，可分为三个类型：内容效度、准则效度及结构效度。内容效度指的是检查测验样本的适用性，用来确定取样的代表性。准则效度又称效标效度或者预测效度，是指测试得到的数据与其他数据相比是否有意义。结构效度又称构想效度，是指测验分数能表明预期构想或特质的程度。准则效度是最能反映有效性的指标，是被公认的科学测量的"金标准"。

（三）灵敏性

灵敏性又称敏感性，在测量活动中是一个比较容易被忽略的问题，一般在干预研究中，比较敏感地测量到体力活动行为的变化，才能看到干预的效果。

（四）可用性

可用性是决定用何种测量方法的重要因素。有些测量方法给测量者增加了太大的负担，如果测量需要昂贵的设备，则可能无法完成测量，所以不太适用于大样本量的研究。

（五）偏颇

无论要对何种客观事物进行测量，都必须要考虑测量方法和测量结果是否有偏颇。偏颇又称为误差或偏倚，指由已经知道的或在可控制范围的因素引起的偏离真实情况的结果。体力活动测量最长见到的偏倚包括社会期望效应、预期结局效应和测量效应。其中测量效应指的是在测量过程中所选择的某种方式或方法有造成一个人的测量行为改变。比如，记录体力活动日志或佩戴计步器都有可能促使一个人改变他的体力活动的水平。社会期望效应是指很多时候人们会有一种积极行为的趋势，这种趋势是社会所期望的。例如，在自我报告式体力活动问卷时，人们往往会报告出比实际更多的体力活动。

预期结局效应是指参与者的行为表现与研究假设呈现出一致性的趋势。例如,如果参与者知道问卷调查的目的是增加体力活动,在调查中他报告体力活动的时候就倾向于偏高。在自我报告式的测量方法中,社会期望效应和预期结局效应需要特别关注。

Durante 和 Ainsworth(1996)提出一种认知模型可用来确定问卷调查中的可测或不可测的偏颇。[①] 在认知过程中,被调查者回答问题的认知过程包括四个步骤:(1)发现问题;(2)寻找解决问题的办法;(3)解决问题;(4)形成经验。如果问题是模棱两可的,就会影响被调查者的理解能力,如果要求被调查者给一个有争议的词语下定义(如"经常锻炼""中等强度"等),那么在理解问题这一阶段就会产生偏颇;寻找解决问题的办法阶段,许多时候社会期望效应会影响其解决办法的倾向;解决问题阶段,用大脑整理加工数据(如计算一天或十天中走路的总时间)会产生误差;还有可能的是,从发现问题阶段到解决问题阶段,信息之间的错误转化也会导致偏颇。

下面几种方法可以最大限度地减少误差:(1)明确认知测试的问题,例如:调查的时候要求被调查者阐述问题的意思,或者要求他们给出对所选问题的解决办法。(2)给被调查者提供回忆的时间或者是事件的提醒,比如:在十日体力活动回忆中,为了给被调查者更多的时间提示,从而使体力活动的报告更加准确,要求被调查者回想在特定的一天都做了什么活动(有没有吃早餐? 什么时间下班? 什么时间上课等)。回忆性日历(工作中和生活中的事件)可作为帮助被调查者回忆的辅助方法。(3)最后一种方法是在最大限度上降低社会期望效应,例如,在老年人社区健康调查问卷中,不但要问到体力活动的项目,还要问到和体力活动无关的项目,如交往了哪些朋友、读什么书等。

现实问题是,体力活动测量没有一种完善的测量方法,在实际操作中,必须权衡各方面的因素,选择适合的测量方法,最大范围地降低不同因素带来的偏颇。

二、体力活动测量的原理

传统的体力活动测量方法主要有两种基本原理:测量体力活动行为和测

---

① 阿迪力·努尔.浅谈调查问卷设计中的有关技巧[J].统计科学与实践,2012(6).

量能量消耗(Energy Expenditure,EE)。体力活动能耗是人体日常能量消耗的重要部分,对能耗的测量是体力活动测量的核心内容。为了便于量化,对体力活动行为的测量也常被转化为能量消耗的测量。近年来,随着生态学研究的深入,体力活动环境也成为体力活动测量的重要内容,见图 4.1。

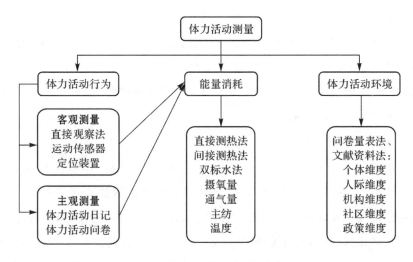

图 4.1 体力活动测量的基本原理

三、常用体力活动测量方法

(一)直接观察法

直接观察法可用于研究某特定时间、特定人群的体力活动特点,可以记录活动的环境以及活动的形式、频率、时间等信息。如果能进行一对一的直接观察,则可以获得很高的精度。该方法只能用于短期研究,但只要在控制了地点、季节及天气等因素后就能获得有效的数据。新西兰克赖斯特彻奇步行调查是一个典型的直接观察法调查,该调查始于 1957 年,每两年调查一次。具体方法是在 10 月份某个周二和周四的上午 10 点 30 分到 11 点 30 分,下午的 2 点 30 分到 3 点 30 分,全城市的 60 个调查点同时调查。该调查显示,从 1957 年开始,以步行作为交通工具的比例逐年下降。[1] 美国丹佛市区商业协会对商

---

① New Zealand Institute of Valuers. Christchurch central city pedestrian counts survey[R]. Christchurch: Christchurch City Council, 2001.

业场所步行行为的调查也得出了类似结果。

(二)直接测热法

直接测热法(Direct Calorimetry,DC)是测定整个机体在单位时间内向外界环境发散的总热量,是体力活动能量消耗测量的最精确方法。受试者需在一个特殊的检测环境中进行体力活动,其发散的总热量可被传导出去,然后换算成单位时间的代谢量,即能量代谢率。直接测热法的仪器要求严格,需要专门的能量测试舱(房)。虽然在测定总能耗时的精度较高,但无法测量短时间内的体力活动能量,也无法区分不同种类体力活动的能耗,因此在体力活动测量中主要作为一种参考标准。

(三)间接测热法

间接测热法(Indirect Calorimetry,IC)主要通过测量人体呼吸中的气体成分来间接推算机体的能量消耗水平,因此又叫气体代谢法。通常采用气体代谢能耗分析仪实时监测受试者的体力活动能耗,它可实时监测受试者每一口气的通气量及其中的 O_2 和 CO_2 等数据以计算能耗,并同步接收 Polar 表传送的心率数据,是最精确的能耗间接监测仪器之一,常在体力活动能耗监测和其他体力活动测量工具的效度验证中被作为"金标准"。但是,由于测试中需要背负仪器、佩戴呼吸面罩,会给受试者带来不适感,通常只能进行短时间(如2~4 小时)的监测,无法进行大样本量、长时间的调查研究。

(四)双标水法

双标水(Doubly Labeled Water,DLW)技术,是由明尼苏达大学的 Lifson 教授和同事在观察呼出的二氧化碳中的氧原子与体内同位素标记的水的关系时,利用体内水清除的动力学与呼吸之间的关系研究得出的方法。[①] 双标水被认定为测量日常能量消耗最便捷的方法。受试者先喝一定量的同位素标记的水 $^2H^1H^{18}O$(也称为双标水),双标水会迅速进入到体液中并与普通水一样参与代谢。O_2 以 $H_2^{18}O_2$ 和 $C^{18}O_2$ 两种形式消除,^2H 以 ^2HHO 的形式消除,测试者通过收集一段时间(6~15 天)的尿样,分析两种同位素消除率的明显差异,就可以得出这段时间内的 CO_2 产量,进而推算出总的能量消耗。理论上讲,双

---

① 陈亚军,王香生.双标水技术在能量代谢评定中的应用[J].中国运动医学杂志,2005(1).

标水法测量能量消耗的变异系数在 4%～8%。实际测量中,有个别机体代谢紊乱、条件不好把控,能量消耗的变异系数可能会相应地上升。因此,使用该方法进行体力活动测量之前,必需对其优点和缺点有清晰的了解。

1. 双标水法的优点

(1)安全性。采用非放射性同位素,不会对人体造成伤害。

(2)范围广。使用简单,便于接受,各阶段人群都可使用。

(3)时间长。可以评价较长时间内的能量消耗情况(1～2 周)。

(4)测试精度高。

2. 双标水法的缺点

(1)成本高,对尿样的分析需要较昂贵的仪器(质谱分析仪)。

(2)特异性低,缺乏由特异性体力活动或短时间体力活动的能耗信息,也不能给出基础代谢和体力活动能耗的比例。

(3)程序复杂,测量能量消耗至少需要 3 天以上,需要收集尿液,比较烦琐。

3. 双标水法误差的来源

(1)体内水的变化(可通过测量体重来估计)可能会带来能量消耗估计误差。

(2)大约 4%的 ^2H 和 1%的 ^{18}O 形成化合物进入非水组织,这将造成对其在体内稀释空间的高估。

(3)重氢同位素(^2H)作为气体的速度小于 ^1H 分子,可能在能量消耗推算时造成约 2.5%的误差。

(4)大约 2%的同位素经粪便而不是尿液排泄。

20 世纪 80 年代中期以来,双标水法成为长时间体力活动总能耗测量的黄金标准,利用双标水法测量人体能量消耗的研究越来越广泛。但该方法主要是在作为其他体力活动测量工具的效标来使用。

(五)心率监测

心率监测仪是最常见的体力活动监测工具,在运动训练和科学研究中应用广泛。心率监测仪主要通过胸部电极及发射器将心电信号发送到接收器上,从而检测心脏的电活动,接收器通过 R-R 间期计算出心率并做出实时反馈,因此心率监测仪兼具便捷性和准确性,心率带及其佩戴方式见图 4.2、图 4.3。

图 4.2　心率带

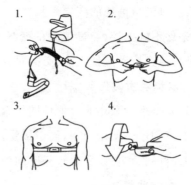

图 4.3　心率带佩戴方法

除了采用心率监测仪进行测量外,个体还可以采用互测、自测等方式测量心率。具体方法为:屈肘,双手交叠于胸前,被测手靠近身体,手握秒表,测试手在外,用食指、中指、无名指的指腹轻轻扣在被测手桡动脉处,也可用食指、中指和无名指的指腹轻压在受试者的颈动脉或颞动脉处。运动后的心率测量宜先测量出 10 秒钟或 30 秒钟的动脉脉搏,然后换算成一分钟脉搏记录。

大量研究显示在中高强度运动中心率和能耗存在良好的线性关系,因此心率监测适用于大部分人群。但是,儿童青少年心率较高,个体差异较大,采用心率监测时需要注意个体差异和活动特点。而且,研究表明心率在低强度活动中心率与能耗的相关性下降,因此心率主要被应用于监测运动中个体的心率波动情况,以反映出分体的疲劳程度和心肺适能,并不适用于体力活动能耗监测。此外,心率还容易受到情绪、环境、饮食等因素的影响,导致"心率——耗氧量曲线"波动,且紧贴胸部皮肤的心率传感器易让人产生不舒适的感觉。可见,心率监测仪在青少年体力活动监测中存在较大局限性。

(六)加速度计

20 世纪 50 年代后期,实验室研究证明人体的垂直加速度与能量消耗相关。威斯康星大学的 Montoye 及其同事受这一原理启发,发明了便携式加速度计,应用加速度计测量体力活动的研究便由此开始。当身体活动时,加速度计中的压电陶瓷感应到身体移动的加速度并转换为电信号,经内置的程序处理后得出加速度计数(Accelerometry Count,AC),再通过能耗推算方程计算出单位时间(如 1 分钟)内的能耗。根据加速度计内压电陶瓷的数量和方向,可将加速度计分为单轴、双轴和三轴加速度计。Caltrac 是世界上第一种投入市场的用于体力活动测量的加速度计,研究证实 Caltrac 测得的垂直轴 AC(AC_z)与耗氧量高度相关($r=0.82$),与 HR 中度相关($r=0.42\sim0.45$)。Actigraph7164 是在 Caltrac 基础上改进而来的一款单轴加速度计,Actigraph 公司还开发了多款单轴加速度计,由于 Actigraph 系列的单轴加速度计在技术和性能上无明显差异,通常将其统称为 CSA(the Computer Science and Applications Activity Monitor)。此外,常见的双轴加速度计有 Actigraph GT1M 和 ActiTrac 等,但这些产品逐渐被三轴加速度计所替代。

　　Tritrac-R3D 是首款应用于体力活动监测的三轴加速度计,采用悬棒式压电传感器,可测量冠状轴(x 轴,前后方向)、矢状轴(y 轴,左右方向)和垂直轴(z 轴,上下方向)的加速度,并将三个轴的加速度整合为三轴综合计数 VM(Vector Magnitude),其计算方法为:$VM=(AC_x^2+AC_y^2+AC_z^2)^{1/2}$。RT3 是在 Tritrac-R3D 基础上改进而来的另一款三轴加速度计,采用芯片式压电传感器,重量、体积和存储容量上有所改进,其他技术环节则与 Tritrac-R3D 相似。2009 年,Actigraph 系列中增添了两个型号的三轴加速度计(GT3X 和 Actitrainer),之后又研发了 GT3X＋等型号的产品,其信效度得到国外研究的验证。由于 Actigraph 公司在产品研发和更新上长期处于行业领先地位,GT3X、GT3X＋等产品已成为应用最广的加速度计。

　　加速度计测量体力活动的优点体现在:(1)自动性。体力活动是自动测量,完全消除了影响信度和效度的自我报告的依赖。(2)可信度高。加速度计的信度和效度要比双标水法高出很多。(3)精确度高。由于多轴加速度计可以在三个轴向上识别和测量人的活动,所以与单轴加速度计相比,其精确性要更高些。

　　加速度计监测体力活动也存在一些缺点,具体表现为:(1)运动项目的局限性。对于骑车、上肢运动、水中活动和复杂活动等,加速度计的测量效度很低,表现出对测量项目的局限性。(2)佩戴方面的细节值得注意。比如忘记佩戴、没有全天佩戴、将设备丢失等都会影响加速度计的准确性。考虑到每个人每天的体力活动有所不同,为提高佩戴效果,建议成人佩戴三天以上,儿童需要佩戴七天。

　　由于传统的加速度计在监测体力活动能耗时存在一定局限性,加速度计的设计者和研究者都开始着手开发更先进的加速度计,其主要思路是尽量提高加速度计在各方位、各种强度体力活动中原始数据的准确性,或将加速度与其他生理学指标综合到一个传感器。例如,MiniMitter 公司专门将加速度计和心率计进行了整合,并开发出一款 AC-HR 联合传感器(Actiheart),Actiheart 可以同步监测心电信号(ECG)和 AC_z,由粘贴于胸前的两个传感器组成,两个传感器组成的标准导联可通过标准 R 波测量 HR,多个研究证实 Actiheart 显著提高了体力活动能耗预测的准确性。Actitainer 是另一款可同步监测加速度和心率的综合加速度计,其内部加速度计感应模块与 Actigraph GT3X 一致。学者们还考虑将体温、皮肤电阻抗等参数与身体的加速度相结合,并研究出了一款佩戴于上臂部的综合传感器:Sense Wear Armband(以下简称 Armband)。Armband 可监测体力活动时双轴的加速度、皮肤温度及皮肤电阻等信号,计算能耗时不仅以 AC 作为主要参数,还采用了热流量等其他参数。

　　除了将加速度与其他生理学指标相结合,学者们还考虑增加测试部位来提高加速度计能耗预测的准确性,IDEEA(Intelligent Device for Energy Expenditure and Activity)即是这样一种加速度计。IDEEA 利用贴附在身体五个部位(胸部、左右大腿外侧、左右足底)的微型加速度传感器来连续监测肢体的活动,五个传感器依靠数据线与主机相连,主机如手机大小(体积为 17mm×54mm×17mm,重 59g),可别在腰间。有研究报道 IDEEA 可以精确地识别步态、姿势和下肢活动等(识别率达到 98.5%),并且 IDEEA 推测的步行速度与实际速度的相关系数达到 0.986,但佩戴不便、缺乏上肢传感器使 IDEEA 未得到广泛应用。

　　由于成人和青少年在体力活动习惯上存在较大差异,因此在测量体力活动能耗时适用于成人的预测公式未必适用于青少年,许多学者都专门采用加速度计对儿童体力活动进行了研究,常见的加速度计儿童体力活动能耗预测方程(见表 4.2)。Trost 等最早将 CSA 应用于儿童体力活动研究,该研究中 20 名 10～14 岁儿童在跑步机上以 3mph、4mph 和 6mph 速度步行和跑步,根据走/跑的数据建立公式并用另外 10 名受试者进行验证,研究结果提示 CSA

表 4.2　常见的加速度计儿童体力活动能耗预测方程

加速度计	学者	方程	R^2	SEE
CSA	Freedson	$METs = 2.757 + 0.0015 \times AC_z - [0.08957 \times age] - (0.000038 \times AC_z \times Age)$	0.74	1.1
	Puyau	$AEE[kCal/(kg \cdot min)] = 0.0183 + 0.00001 \times AC_z$	0.75	0.0172
	Treuth	$METs = 2.01 + 0.000856 \times AC_z$	0.84	1.36
	Treuth	$VO_2[ml/(kg \cdot min)] = 7.7104 + 0.002631974 \times AC_z$		
	Schmitz	$EE(kJ/min) = 7.6628 + 0.1462(AC_z - 3000)/100 + 0.2371 \times W - 0.00216[(AC_z - 3000)/100]^2 + 0.004077 \times W \times [(AC_z - 3000)/100]$	0.85	5.61
Actiwatch	Puyau	髋部：$AEE[kCal/(kg \cdot min)] = 0.0144 + 0.000038 \times AC_z$	0.81	0.0147
	Puyau	腿部：$AEE[kCal/(kg \cdot min)] = 0.0143 + 0.000020 \times AC_z$	0.71	0.0195
Actical	Puyau	$AEE[kCal/(kg \cdot min)] = 0.00423 + 0.00031(AC_z)^{0.653}$	0.81	0.0111
RT3	McMurray	$VO_2(ml/min) = 0.32 \times VM + 6.97 \times H + 6.19 \times W - 857.86$	0.64	—
	Eston	$METs = 0.841 + 0.00178 \times VM$	0.90	—

注：W，体重(kg)；H，身高(cm)；Age，年龄(岁)。

在监测儿童走/跑时具备较好的有效性。Freedson 等以更大年龄范围 (6～18岁)的儿童和青少年为研究对象，在跑台运动的基础上建立了另一个 CSA 能耗推导公式，该公式采用 AC_z 和年龄为参数。为使方程更适用于日常体力活动，Puyau 等专门监测了 26 名 6～16 岁儿童 6 小时的体力活动能耗，并根据 AC_z 建立了另一能耗方程。Treuth 等也选择了有代表性的 11 项体力活动，并针对青春发育期女生(13～14 岁)进行了研究。Schmitz 等认为 AC_z 能耗线性方程的斜率随着运动强度的增加而降低，用单一的线性关系推导能耗容易低估低强度运动时的能耗而高估高强度运动时的能耗。为克服这一缺陷，Schmits 等以 13～14 岁女生为对象研发了体力活动能耗预测的二次项曲线模型，该方程还将体重作为一个重要的参数。Puyau 等还以 Actiwatch 为工具监测儿童的体力活动,受试者在腿部和髋部佩戴 Actiwatch 加速度计,并进行 3 项静力性活动、2 项低强度活动、3 项中等强度活动和 3 项高强度活动,根据腿部和髋部 AC_z 与能耗分别建立两个公式,其中髋部公式的有效性更高。此外,McMurray 等令 308 名 8~18 岁青少年进行 9 项强度不一的体力活动,并根据 RT3 的 VM 和 IC 法所测能耗建立了 RT3 儿童能耗预测方程,身高和体重都被列入该方程。

研究还显示加速度计的采样间隔(Epoch)对测量效度具有一定影响,由于青少年体力活动变化频率较高,以成人所使用的 1 分钟采样间隔来测量会低估青少年中高强度体力活动量,采用更短的采样间隔(如 1 秒或 5 秒)可提高测量精度。

为了筛选出最适合儿童青少年体力活动测量的加速度计和能耗运算模型,许多学者对单轴和三轴加速度计进行了比较研究。Ott 等对 28 个 9~11 岁儿童走、跑、打电脑游戏、打篮球、上下楼梯等八项活动进行研究后发现,CSA 和 TriTrac-R3D 所预测能耗的相关性及 AC_z、VM 与 HR 的相关性都很高,因此 Ott 认为单轴和三轴加速度计在监测儿童体力活动能耗时的效果相似。但是,大多数学者认为三轴加速度计能更好地监测高强度运动和不规则活动,因此可能更适宜于青少年能耗监测。例如,Coleman 等以 HR 为标准验证了 TriTrac-R3D 对肥胖儿童体力活动能耗检测的效度,并采用逐步回归的方法分析了各方向 AC 与 HR 的关系,研究结果提示三轴加速度计比单轴加速度计更适用于监测肥胖儿童体力活动能耗。Eston 等以 IC 法作为参考标准比较了 CSA、RT3 和心率计测定儿童跑台走/跑和不规则活动能耗的准确性,结果显示以 VM 和 HR 共同作为自变量的多元回归方程的准确性最高($R^2 = 0.85$),且 RT3 所测得的能耗与实际能耗之间的相关性高于 CSA,进一步验证了青少年体力活动监测中三轴加速度计的优越性。同样,Rowlands 的研究证明儿童体力活动中 RT3 的 VM 与能耗相关性较好($r=0.87$)。

还有一些研究对比了几种单轴加速度计在青少年体力活动能耗监测中的准确性。Puyau 等采用 CSA 和 Actiwatch 监测 6~16 岁青少年活动后发现,Actiwatch 记数与实际能耗的相关性($r=0.78~0.80$)高于 CSA($r=0.66~0.73$)。Puyau 等还用同样的方法比较了 Actiwatch 和 Actical 的准确性,结果显示 Actical 记数与实际能耗的相关性($r = 0.85$)稍高于 Actiwatch($r = 0.82$),两种加速度计推算出的能耗与实际能耗相关性都为 0.93,提示 CSA 和 Actiwatch 在检测青少年活动能耗时都比较理想。然而,另一项对 3～4 岁学龄前儿童的研究结果却恰恰相反。该研究表明,CSA 记数与直接观察法纪录的儿童活动量相关性为 0.72,而 Actiwatch 计数与活动量相关性仅为 0.16($p > 0.05$),两种加速度计推算出的儿童活动能耗之间的相关性也仅为 0.36,提示 Actiwatch 可能不适用于儿童体力活动监测。

(七)计步器(Pedometer)

20 世纪中叶,日常体力活动与健康的关系逐渐受到欧美国家的关注。1965 年,日本成立了"万步俱乐部",倡导每天步行或慢跑 10000 步,以应对久坐型工作方式对身体带来的负面影响。同年,Yamasa 公司开始出售名为"万步计"的计步器,随后计步器逐渐被应用于各项科研活动和生活实践中。计步器的价格主要集中在 10～30 美元,由于计步器价格低廉,监测结果客观,输出结果直观易懂,因此计步器成为一种被民众广泛接受的体力活动监测工具。在 20 世纪 90 年代,出现了电子计步器,随后计步器迎来了最快的发展和应用时期。

目前计步器的计步方法主要有三种。第一种是通过水平杠杆臂感应髋部的上下振动,杠杆臂随之上下振动,借此打开或关闭内置电路,从而达到记录步数的目的,大部分老款计步器属于这一类型。第二种感应装置是磁性弹簧感应开关,水平杠杆臂连接着一个磁铁,磁场可触发感应开关打开或关闭从而记录步数。第三种方法采用压电感应装置,与加速度计原理相似,欧姆龙(Omron)计步器是一种典型的压电式计步器,Omron HJ 系列计步器甚至具有垂直轴和水平轴的双重感应功能。

随着计步器技术的发展,专业的计步器已发展出几十种品牌,以 Yamax、Omron 和 Sportline 等为代表。Yamax 等品牌的多款计步器都可输入受试者性别、年龄、身高、体重、步幅等信息,从而推算步行距离和步行能耗。Omron HJ 系列产品专门设置了"有效步行"的功能,其标准为步频超过 60 步/分钟且连续步行 10 分钟以上,计步器可根据这一标准识别有效步行的数量和时间。该系列产品还可推算人体步行的能耗,其方法是以总步数乘以步行能耗系数,不同年龄、不同性别者的能耗系数各不相同。另一些计步器可直接通过 USB 接口将数据传入电脑,通过软件直观地分析和统计每小时的步行量,如 Omron HJ 720-ITC 等。Kenz Lifecorder 和 New Lifestyles 2000 可通过身高、体重、年龄和性别推算受试者的基础能耗,从而推算受试者步行时的总能耗和活动能耗,其工作机制和加速度计类似。

日本是计步器研究和应用最多的国家之一,日本针对计步器生产的行业标准要求:计步器对日常步行的记录误差不得超过 3%。学者们对多种计步器的验证显示,步行速度是影响计步器准确性的首要因素,在规定步速下的验证显示绝大多数计步器会低估慢走(54 米/分)时的步数,当步速达到 80 米/分时,大多数计步器的误差降到 1%之内。佩戴位置对计步器的准确性也有较大影响。最初的计步器产品只能感应垂直轴的身体活动,需垂直佩戴在腰部或髋部。新型计步器可同步感应多个轴向的身体震动,放置在背包里或口袋中仍不影响其准确性,其功能也越来越趋向于加速度计。此外,计步器的准确性还可能受到受试者身体形态的影响,多数研究认为计步器对肥胖者的步行量监测误差较大。总体上看,Yamax、Omron 等专业品牌计步器的信度都较高,既可用于普通人日常步行量监测,又可以用于公共卫生领域的科学研究。为提高步行量监测的准确性,大样本步行量监测通常都要求受试者连续佩戴计步器 3~7 天。

(八)GIS 和 GPS

地理信息系统(Geographic Information System,GIS)是指在计算机硬、软件系统支持下,对整个或部分地球表层(包括大气层)空间中的有关地理分布数据进行采集、储存、管理、运算、分析、显示和描述的技术系统。GIS 有利于准确地分析活动环境,与全球定位系统(Global Positioning System,GPS)结合时,在体力活动建成环境测量中效度很高,城市青少年体力活动测量的相关 GIS 指标可参考表 4.3。

表 4.3　城市蔓延影响青少年体力活动研究的相关地理信息指标①

地理指标信息	相对定义
居住—就业平衡性	青少年监护人居住点与就业点在空间上的分布距离与特点
居住密度	单位面积土地上居住的青少年数量
住宅密度	单位面积土地上有青少年居住的住宅单位(包括单户与多户)数量
平均居住高度	单位数量的青少年平均居住高度或楼层数
土地利用多样性	居住地附近适宜休闲活动的商场、公园、广场、体育场等的多元化分布
土地适宜性	某一区域内适宜青少年进行休闲活动的面积比
紧凑度	处于青少年步行/自行车出行适宜尺度范围内的紧凑型城市空间发展
破碎度	道路网格性差、"冤枉路"多等不利于青少年步行/自行车出行的情况
轴带扩展性	导致日常出行严重依赖机动交通的城市空间形态沿交通干道轴带型扩张
出入口连通性	便于青少年前往参与休闲活动的区域(如公园)出入口合理数量与布局
一般连通性	能促进青少年日常出行的道路衔接、道路网格布局以及交叉路口秩序等
道路密度	能减少交通拥挤,改善青少年出行的慢型交通环境的适宜道路密度
街道可及性	尽可能到达、满足青少年步行/自行车前往目的街道布局条件
学校通达性	学校的分布状态对于青少年日常步行/自行车上、下学便利程度
体育设施通达性	体育设施分布状态对于青少年日常前往体育锻炼的便利程度
公交通达性	地铁/公交站分布状态对于青少年日常乘坐公共交通工具的便利程度
公共空间通达性	公共空间分布状态对于青少年日常休闲活动的便利程度
学校可及性	学校与住所间的距离对于青少年能够步行/自行车上、下学的可行性
体育设施可及性	体育设施与住所间的距离对于青少年能够步行/自行车前往的可行性
公交可及性	地铁/公交站与住所间的距离对于青少年能够步行/自行车前往的可行性
公共空间可及性	公共空间(公园、广场等)与住所间的距离对于步行/自行车前往的可行性
景观多样性	局部地区能促进青少年户外活动的景观要素在空间上的多样化组合
景观渗透度	局部地区中适宜青少年体力活动的景观斑块在空间上的渗透性
景观离散度	局部地区中几种适宜青少年户外活动的景观斑块分离状况
景观破碎度	局部地区中适宜青少年体力活动的景观斑块被不合理破坏的程度

①　何晓龙,陈佩杰,庄洁,等. 城市蔓延影响青少年体力活动研究的地理信息指标分析[J]. 体育科学,2013(3).

GPS 由定位卫星、地面监控系统和定位接收器 3 个部分组成,可精确计算时间和速度信息。随着 GPS 技术的发展与应用,越来越多的科学研究开始采用 GPS 作为识别和记录人体活动方式的工具。由于 GPS 的主要作用是定位,测量仪器的佩戴位置对体力活动的测量准确度影响较大,在实际应用中更多是采用将调查问卷、加速度计或心率计等方法与 GPS 相结合。该方法的另一个优点是可以结合仪器自带的加速度传感器较好地将步行和慢跑、坐车等其他交通方式区分开,因此既可以用于步行监测,又可以用于跑步、骑行等其他健身方式。

总之,GIS 和 GPS 可以协助研究人员分析体力活动与环境的关系,也有助于锻炼者实时了解日常体力活动状况,在体力活动研究与实践中具有广泛的应用前景。

(九)智能手机/智能手环

近年来,随着信息技术的发展,智能手机和智能手环成为体力活动监测的重要手段。由于兼具时尚感与便捷性,它们在青年人中得到广泛普及。智能手机和智能手环主要依靠内置加速度传感器和 GPS 定位装置记录体力活动状况,通过相应的内部运算系统,进一步推算出体力活动的能耗等数据(见图 4.4、图 4.5)。利用智能手机和手环,还可以与云端连接,建立体力活动大数据,与他人共同交流体力活动的乐趣。手机可以提供反馈信息,提示某一段时间内的体力活动量是否合理,从而达到体力活动干预的目的。许多智能手环具有蓝牙、红外传感、膳食记录、心率与睡眠监测等功能,可与其他智能穿戴设备配合使用。

图 4.4　乐心智能手环　　　　图 4.5　咕咚运动 APP 界面示例

目前，智能手机主要采用安卓系统和苹果 IOS 系统，绝大多数手机 APP 都是建立在这两大系统基础之上。步行监测是手机运动 APP 和智能手环的基本功能，何晓龙曾以 3 款智能手环（小米、乐心和 Smart Health）和 4 款运动 APP（咕咚、悦跑圈、益动 GPS、动动）为研究对象，对它们在不同步行速度和不同步行地面中的计步准确性进行研究，发现在正常步速和快速走中它们的准确性较好，低速步行时准确性较低，影响计步功能的主要是步速，步行路面的影响不大。

（十）主观测量法

体力活动的主观测量具有很强的经济性与便捷性，在体力活动测量与评价中使用率较高。体力活动的主观测量以问卷调查为主，成人体力活动问卷主要有明尼苏达体力活动问卷、哈佛校友体力活动调查、斯坦福 7 日体力活动回顾、国际体力活动问卷和全球体力活动问卷等。此外，成人还可以采用体力活动日记（如 Bouchard 体力活动日记）的方式记录当天每个时段的体力活动状况，但这种方法难以应用于体力活动灵活多变的儿童青少年。在 2011 年 Biddle 等综述中曾检索到 89 种适用于大范围调查的儿童青少年体力活动问卷，但这些问卷测量的体力活动类别、问卷长度、使用方式（自填或访谈）、适用人群和测量结果表达方式（kCal 或 METs 等）等都存在一定差异。其中，代表性儿童青少年问卷包括体力活动问卷儿童版（PAQ-C）及青少年版（PAQ-A）、儿童休闲体力活动调查问卷（CLASS）、少儿风险行为普查问卷（YRBS）及国际体力活动问卷（IPAQ）等。[1]

（1）PAQ-C/PAQ-A。该问卷由加拿大萨斯喀彻温大学编制，主要用于回顾 7 天内的体力活动总体水平。包括 9 个简单易懂的题目，使用 5 分制进行等级打分，完成问卷时间较短（10 分钟以内），适合儿童（8~13 岁）或青少年（13~20 岁）进行自我填报。李新等曾以我国儿童为对象，对 PAQ-A 进行验证和修订，结果显示 PAQ-A 中文版的信效度较高（见附录三）。但该问卷只能评估体力活动水平，无法计算体力活动能耗，在实际应用中存在一定局限性。

① Biddle S J H, Gorely T, Pearson N, et al. An assessment of self-reported physical activity instruments in young people for population surveillance：project ALPHA[J]. International Journal of Behavioral Nutrition & Physical Activity，2011(8).

（2）CLASS。该问卷采用自我报告（10～12 岁儿童）或家长报告（5～6 岁儿童）方式填写，其测量内容包括儿童 14 项静坐行为和 30 项体力活动的频率及持续时间。香港中文大学将 CLASS 进行翻译和修订后，建立了适合中国青少年的 CLASS-C。李海燕曾将 CLASS-C 修订为适合中国内地学生的版本并进行信效度验证，结果显示 CLASS-C 具有良好的可靠性，所测得的能耗与 SWA 加速度计测量结果具有良好的一致性，但 CLASS-C 可能在一定程度上低估了 PA 能耗。该问卷的优点是内容详细，尤其对静坐类活动的调研较深入。

（3）IPAQ。该问卷可分为长卷和短卷两种版本，其中短卷只包括 7 个问题，而长卷包括了 31 个问题，主要涉及静坐、步行、中高强度体力活动等内容。调查者可以根据问卷调查结果推算出受试者的体力活动量，多个研究证实了该问卷的信效度。但是，该问卷主要应用于成人，在儿童青少年中应用较少，Rangul 等曾将其改良为青少年版 IPAQ，并取得了较好的效果。

由于儿童青少年体力活动内容丰富，变化多样，同时儿童青少年对体力活动的理解和记忆可能不够准确，采用主观测量法来调查儿童青少年的体力活动容易产生信效度较低的问题。Van 等发现，在种类繁多的主观测量方法中，只有少量问卷在青少年群体中具有较高的信度，而问卷调查的效度普遍较差，几乎没有信度效度兼具的青少年体力活动调查问卷。[①] 储文杰等曾在 IPAQ 和 CLASS 的基础上制定适合我国内地青少年的体力活动量表，调查 24 种常见的青少年体力活动的频率和时间，并与体力活动日记法进行对照分析，结果显示量表的效度较理想，但依然存在主观测量法普通具有的高估体力活动能耗的问题。[②] 因此，在青少年体力活动监测中，最好能采用加速度计等客观的测量方法。

四、体力活动水平评估

当前体力活动水平评估的方法主要包括：问卷（量表）法、客观生理指标监

---

① Van Poppel M N M, Chinapaw M J M, Mokkink L B, et al. Physical activity questionnaires for youth: A systematic review of measurement properties. Sports Medicine, 2010(7).

② 储文杰，王志勇，周海茸，等. 儿童青少年体力活动量表的信度和效度分析[J]. 中华疾病控制杂志，2014，18(11).

测法及能量消耗估算法等。

（一）根据心率分级

由于不同年龄、性别的个体在运动时的心率水平有所差别，因此可采用最大心率百分比（％HRmax）或最大心率储备百分比（％HRR）来判断活动时的体力活动强度。最大心率通常可以用"220－年龄"来推算。％HRR＝（运动中HR－安静时HR）/（HRmax－安静时HR）×100。不同％HRmax和％HRR所对应的有氧运动强度见表4.4。

表 4.4 不同％HRmax和％HRR对应的有氧运动相对强度分级

强度	％HRR	％HRmax	呼吸节律	体温	举例
很低	＜20	＜50	正常	正常	吸尘
低	20～39	50～63	略快	感觉微热	庭院劳动
中	40～59	64～76	明显加快	较热	快走
较高	60～84	77～93	很快	很热	慢跑
很高	＞84	＞93	急促	非常热	快跑
极量	100	100	非常急促	大汗淋漓	全速跑

（二）根据自觉疲劳程度（RPE）评估

RPE（Rating of Perceived Exertion）在我国通常被译为自觉疲劳程度，或主观用力评分，但日本学者多称为自觉运动强度。RPE量表是瑞典科学家Borg于1962年提出的，也称为Borg量表，大量研究证明该量表是一种科学、简便、实用的体力活动测量手段（见表4.5）。RPE量表利用运动中的自觉疲劳程度来判定运动强度，在量表的分数中对每个单数界定了不同的疲劳感觉特征，双数的感觉程度介于前后两个单数之间，将各个分值点乘以十之后，常与受试者当时的心率大体一致，有的学者还计算出相应的运动强度。由于RPE量表的评分与实际运动强度有很好的相关性，该量表得到广泛的应用。一般来说，RPE得分在12～15分，说明运动强度适中。但是，RPE量表对习惯于运动的人可靠性较高，人们对运动的熟练程度可能影响评分。

表 4.5　自觉疲劳程度(RPE)判定

RPE	主观运动感觉特征	相应心率(次/分)
6		
7	非常轻松	70
8		
9	很轻松	90
10		
11	轻松	110
12		
13	稍费力	130
14		
15	费力	150
16		
17	很费力	170
18		
19	非常费力	190
20		

(三)运动指数评估

根据平日运动的时间、强度和频率,学者们设计了对体力活动水平的大致评价及相应的健康级别。如表 4.6 所示,运动指数＝强度×时间×频率,如果不足 40 分,则体力活动水平急需提高(见表 4.7)。[1]

---

[1]　刘海元. 学校体育教程[M]. 北京:北京体育大学出版社,2017.

表 4.6　运动指数评估

	分数	运动状况
强度	5	持续运动、呼吸急促、大量出汗
	4	间歇性地有呼吸急促、大量出汗的情况
	3	中等强度(如休闲性慢跑、骑自行车等)
	2	适度(如走路、排球、垒球等)
	1	轻度(如钓鱼、园艺等)
时间	4	60 分钟以上
	3	30~60 分钟
	2	20~29 分钟
	1	20 分钟以内
频率	5	每天或几乎每天
	4	1 周 3~5 次
	3	1 周 1~2 次
	2	1 个月 1~3 次
	1	1 个月不到 1 次

表 4.7　体力活动评价及对应的健康级别

分数	评价	健康级别
100	非常积极的生活方式	非常好
80~99	积极、健康	很好
60~79	积极	好
40~59	可接受(但应该加以改善)	一般
20~39	不太好	不太好
20 以下	懒惰	差

(四)根据活动时间估计

在日常基本体力活动的基础上每周再增加 150 分钟以上中等强度的体力活动,这是当今国际上比较推崇的体力活动量。从能量消耗的角度分析,150~300 分钟中等强度的体力活动或 75~150 分钟高强度体力活动,约相当

于 $500\sim1000$MET-min/wk。2008 年《美国国民体力活动指南》根据每周参加中等强度体力活动的量将体力活动水平分为不活跃、低、中、高四个等级(见表 4.8)。

表 4.8 《美国国民体力活动指南》的体力活动水平分级

分级	每周中等强度体力活动时间	健康效益	建议
不活跃	0	0	静坐少动是不健康的生活方式
低	少于 150 分钟	有益	运动有益健康
中	150～300 分钟	获益较多	多动多获益
高	大于 300 分钟	受益特别大	受益更多,但同时也存在风险

按照活动时间的长短将体力活动水平依次分为:

(1)不活跃。能够维持日常基本生活的体力活动,它是一种静坐少动的生活方式。

(2)活跃度低。一般的活动水平除日常基本体力活动外,从事中等强度体力活动,可每周活动时间累计少于 150 分钟,有的从事较高强度体力活动,但时间少于 75 分钟。

(3)活跃度中等。它的活动水平为每周参加中等强度体力活动的时间累计在 150～300 分钟,或较高强度体力活动 75～150 分钟,活跃度中等是体力活动中受益较大并被大量体力活动指南所推荐的体力活动水平。

(4)活跃度高。一般是指进行高强度的活动,它的运动水平为每周参加中等强度体力活动的时间累计超过 300 分钟,或较高强度体力活动超过 150 分钟。从获得健康效益多少的角度分析,体力活动量并没有上限值,但这并不意味着活跃度高健康效益就同步增加。需要注意的是,随着体力活动强度的增大,运动风险也相应增加。

(五)根据每日步行量分级

由于步行是最具代表性的体力活动方式,因此以步行量进行分级对体力活动促进工作具有较高的参考价值。目前国际上广泛认可的成人步行量标准为 10000 步/天,由于儿童的生活习惯有别于成人,因此儿童的健康步行标准和成人有所差别。Vincent 和 Pangrazi 是较早研究儿童步行的专家,在对 711

名 6～12 岁儿童进行连续四天的计步器调查后,他们发现男孩与女孩的步行量存在着统计学差异,女孩的步行量为 10479～11274 步/天,男孩为 12300～13989 步/天。相同性别儿童的步行量也存在很大的个体差异,但步行量未表现出明显的年龄特征。基于这些数据,Vincent 等建议儿童健康步行的标准为:男孩 13000 步/天,女孩 11000 步/天。

Tudor-Locke 等探讨了儿童每天步行量与 BMI 的关系,结果显示正常体重和超重者步行量的平均差异达到 5000 步/天。根据调查结果,Tudor-Locke 对儿童每天步行量也做出了等级划分,并提出正常体重和超重学生的每天理想步行量界限为:男孩 15000 步/天,女孩 12000 步/天(见表 4.9)。换句话说,学生每天平均步行量低于这一界限就有可能导致超重或肥胖。

表 4.9　6～12 岁儿童的步行量分级(Tudor-Locke)

女孩		男孩	
步数/天	等级	步/天	等级
≥14500	白金	≥17500	白金
12000～14499	金	15000～17499	金
9500～11999	银	12500～14999	银
7000～9499	青铜	10000～12499	青铜
<7000	铜	<10000	铜

此外,Hatano 又将"低于 5000 步"的等级细分为"无运动"(低于 1499 步)、"久坐的"(1500～3499 步)和"稍显久坐"(3500～4999 步)三个等级。总之,等级分类方法既让研究者们能更客观地监测、追踪、比较人们的体力活动行为趋势,也有助于指导和评价个体的步行行为。

五、青少年体力活动的生态学测量与评价

2013 年一项对多国专家的调查显示,目前国际上"青少年体力活动与静态

行为"研究最迫切需要解决的前三个问题依次为[①]:(1)建立促进青少年参加长时间体力活动的长效干预体系;(2)全面评估相关政策和环境的变化及其对青少年体力活动和静态行为的影响;(3)开展从幼儿到青少年时期的纵向研究,深入分析体力活动与静态行为对健康的影响。应用健康促进生态学模型全面评价青少年体力活动水平及相关生态学环境现状,对上述三个问题的解决具有重要意义。

(一)《儿童青少年体力活动报告》

《儿童青少年体力活动报告》(*The Report Card on Physical Activity for Children and Youth*,以下简称《报告》)被多个国家(约占全球青少年人口的60%)统一使用,在青少年体力活动社会生态学评价工具中极具代表性。《报告》源自于 2005 年的首份加拿大《报告》,最初包括 6 个一级指标共 14 个二级指标(见表 4.10),这些指标从个体、人际、社区、机构和政策等维度全面分析儿童青少年体力活动及其生态环境现状。

表 4.10　2005 年首份加拿大《报告》的指标体系

维度	一级指标	二级指标
行为	体力活动总体水平	活动水平
		视频时间
		运动参与
个体因素	健康	超重肥胖
		慢性病危险因素
人际因素	家庭	家庭体力活动
		青少年活跃度的确保
社区因素	社区环境	活动项目的质量和可达性
		社区设施

---

① Gillis L, Tomkinson G, Olds T, et al. Research priorities for child and adolescent physical activity and sedentary behaviors: a global perspective using a twin-panel Delphi procedure [J]. International Journal of Behavioral Nutrition & Physical Activity, 2013(1).

续表

维度	一级指标	二级指标
机构因素	学校	体育教学
		在学校参加体力活动的机会
		专业师资
政策因素	政策	联邦政策与投资
		地区性政策与投资

　　为适应逐渐变化的社会环境和青少年体力活动特征,加拿大《报告》每年都会对指标进行微调。从2009年开始"健康"不再被列入该指标体系,2012加拿大《报告》包括6个一级指标共计24个二级指标,2013年又调整为3个一级指标共计17个二级指标。从2012年起加拿大《报告》中增加了"非政府组织的策略和投资""公园、设施及项目的实用性""身体素养"等指标,这也是加拿大《报告》指标体系的另一个发展趋势。

　　随着加拿大《报告》影响力的扩大,2012年全球儿童体力活动大会在加拿大《报告》的基础上建立了全球统一《报告》的指标体系,包括9个一级指标,其中5个是行为指标,4个是影响因素指标,各指标均有相应的内涵(见表4.11)。

表4.11　2012年所确定的全球《报告》9个一级指标及其含义

一级指标	指标含义
体力活动总体水平	达到体力活动标准的青少年比例
组织性体力活动	经常参与组织性体力活动的青少年比例
自主性体力活动	经常参加未经组织的体力活动的青少年比例
上下学交通方式	经常使用步行、骑车等活跃性交通方式上下学的青少年比例
静态生活方式	符合静态生活方式推荐标准的青少年比例
家庭和同伴的支持	家人、同伴对青少年体力活动的积极影响(含5个二级指标)
学校	学校促进青少年参加体力活动的软硬件环境(含6个二级指标)
社区及周边建筑环境	促进青少年参加体力活动的社区软硬件环境(含7个二级指标)
政策与经费投入	促进青少年参加体力活动的政策和经费状况(含3个二级指标)

对各指标的评价是《报告》的重点内容之一。《报告》采用五级评价(A、B、C、D、F)的方式对指标进行评级(见表4.12)。除了F(Failure的缩写)表示指标水平极低之外,前四个级别又被细分为三档,例如D又分为:D+(55%~59.9%)、D(45~54.9%)、D-(40~44.9%)。在制定评级标准的过程中,专家们主要考虑的因素包括证据质量、发展趋势、国际对比和偏差因素(性别、残疾、地理因素和社会经济因素)等方面。

表4.12　《报告》的指标评级

评级	含义	对应的达标比例
A	绝大多数的儿童青少年	80%~100%
B	超过一半的儿童青少年	60%~79.9%
C	约一半的儿童青少年	40%~59.9%
D	少于半数的儿童青少年	20%~39.9%
F	很小部分的儿童青少年	<20%
INC	数据不足无法评级	

数据分析显示,2014年和2016年全球联合《报告》都存在数据不够全面等问题。例如,2016年全球联合《报告》中仅17个国家(约占45%)获得"自主性体力活动"指标的评级,仅21个国家在"家庭和同伴的支持"指标中取得评级。出现这一情况的原因通常是相关的测量工作开展较少,但也可能是指标设置不够科学,这将是进一步完善《报告》指标体系的重点环节。

《报告》的指标测量主要采用研究机构直接测量与第三方机构测量相结合的方法。以加拿大《报告》为例,其数据主要来自加拿大健康与生活方式研究所(Canadian Fitness and Lifestyle Research Institute,CFLRI)、加拿大统计局和WHO等机构,这些机构所组织的各类体力活动监测项目为加拿大《报告》提供了权威的数据。2014年加拿大《报告》的数据主要来自以下项目:

(1)加拿大国民健康测试。该项目始于2007年,包括对加拿大国民主要健康指标的直接测量和对国民行为方式的入户调查,入户调查指标包括生活方式、体力活动、营养、病史、环境和家庭特征以及人口学和社会经济学特征等方面。

（2）加拿大青少年体力活动调查。该项目始于 2005 年，由 CFLRI 负责，采用计步器调查青少年日均步行量数据，大约 1 万名青少年接受了随机抽样调查。

（3）学龄儿童健康行为调查。这是一项由 WHO 组织开展的横断式问卷调查，在加拿大主要以 10～16 岁青少年为对象，每 4 年调查一次，主要有以下三部分内容：① 学生问卷调查，包括体力活动、交通方式、生活方式和人口学方面的指标；②学校管理人员问卷调查，涉及学校的人口学、政策、基础设施等；③地理信息测量，以 GIS 技术测量学校的建成环境，了解学校周边社会环境。

（4）学校体力活动因素调查。由 CFLRI 负责，主要调研学校体育的内容和效果，确定青少年体力活动是否充分、有效，考察学校相关政策及周边社会环境。

（5）体力活动监测。是由 CFLRI 开展的每年一次的电话访谈，主要用于跟踪青少年的体力活动方式的变化情况、影响因素和生活状况。

（6）Keeping Pace。这是一项由省政府资助的监测，每 4 年一次，主要抽样调查三年级、七年级、十一年级学生的体力活动和饮食情况。

（二）中国儿童青少年体育健身指数

上海体育学院主持了国家社科基金重大招标项目"中国儿童青少年体育健身大数据平台建设研究"，研究团队在前期成果"上海市青少年体育健身指数"的基础上，首创了"环境—行为—效果"三位一体的儿童、青少年体育健身指数评价指标体系，见表 4.13。科研团队在该评价指标体系基础上制定调查问卷，调查了上海市学龄青少年、体育教师和家长等 11 万余人，结合学生体质健康测试数据，发布了 2015 年"上海市青少年体育健身指数"。这是我国一项代表性的青少年体力活动的生态学测评，对今后更科学地开展青少年体力活动促进工作具有重要指导意义。随后，结合 2017 年全国学生体质复核抽测获取的 26 余万有效样本数据，研究团队发布了《中国儿童青少年体育健身指数评估报告（2017 年）》。

表 4.13　中国儿童青少年体育健身指数测量的一级指标和二级指标

一级指标	二级指标
健身环境	制度环境、学校环境、社区环境、家庭环境、人际环境
健身行为	身体活动方式、静态行为方式、身体活动水平
健身效果	健身意识、健身技能、体质健康水平

第三节　青少年健康的测量与评价

一、青少年健康体适能的常规指标

1994 年 Bouchard 提出健康相关体适能可分为形态结构、肌肉功能、运动能力、心肺功能和代谢功能共 5 个部分,每个部分可通过多个指标进行综合评价(见表 4.14)。

表 4.14　Bouchard 所提出的健康相关体适能的评价指标

成分	评价指标
形态结构	身高标准体重、身体成分、皮下脂肪分布、腹部内脏脂肪、骨密度、柔韧性
肌肉功能	爆发力、静力性力量、力量耐力
运动能力	灵敏、平衡、协调、速度
心肺功能	最大有氧能力、亚极量运动能力、心脏功能、肺功能、血压
代谢功能	糖耐量、胰岛素敏感性、血脂与脂蛋白、脂质过氧化物

BMI 是身体形态测量的常规指标,我国青少年 BMI 的评价标准可参考 2014 年版《国家学生体质健康标准》。身体成分(体脂百分比)也是形态结构的代表性指标,其测量方法包括水下称重法、空气置换法、生物电阻抗法、双能 X 线法、皮褶厚度法、核磁共振法等,其中生物电阻抗法价格适中、精度较高,是目前最常用的身体成分测量方法。

在肌肉适能测量中,立定跳远和纵跳是爆发力的常见测量方法,握力反映的是静力性力量,而引体向上(男)、俯卧撑(男)、仰卧起坐(女)等是力量耐力的主要指标。

在运动能力方面,测量速度主要选择 50 米跑、100 米跑,测量速度耐力主要选择 50 米×8 往返跑、1000 米(男)/800 米(女);灵敏性的测量方法主要有 10 米×4 往返跑、象限跳;平衡性的代表性测量方法为闭眼单足站立;协调性的测量方法主要针对某些专项运动进行设置。

在心肺功能测量中,实验室多采用直接或间接的最大摄氧量测量方法,而大样本量测量中可以选择肺活量测试和 12 分钟跑/3000 米跑来间接反映。多本体育测量评价相关教材都对上述测量方法进行了细致的阐述,在此不再赘述。

二、青少年健康测量与评价的成套方案

(一)国外青少年体质健康测试方案概述

国际体力研究委员会(ICPER)和国际生物学发展规划理事会(IBP)是世界上最早进行青少年体质健康测试研究的国际性机构,欧美、日本等国家的青少年体质健康测试体系主要参照这两个机构进行设置(见表 4.15)。

表 4.15 国外代表性机构和国家的青少年体质健康测试内容[①]

国家/机构	类别	测试内容
国际体力研究委员会		1000 米 或 2000 米(男)/800 米 或 1000 米(女)/600 米(儿童)、立定跳远、引体向上(男)/屈臂悬垂(女)/30 秒仰卧起坐、握力、50 米跑、10 米往返跑、坐位体前屈
国际生物学发展规划理事会		哈佛台阶测验、600 码跑、立定跳远、引体向上(男)/斜身引体(女)、投垒球、60 秒仰卧起坐、握力/背力/拉力/推力/伸腿力量/屈体力量、50 码跑、10 码往返跑
欧盟		身高、体重、皮褶厚度(体成分)、逐步加快速度的往返跑/PWC170 测试、10 米×5 跑、握力、立定跳远、单杠悬垂、两臂交叉运动、仰卧起坐、坐位体前屈
美国	Fitnessgram 测试	1 英里跑/走、体脂含量、BMI、坐位体前屈、仰卧起坐、引体向上、曲臂悬垂

① 孙双明,叶茂盛. 美、俄、日和欧盟学生体质健康测试概述[J]. 北京体育大学学报,2017(3).

续表

国家/机构	类别	测试内容
俄罗斯 (6～8岁)	必测项目	3×10米跑、30米跑步、引体向上、改良仰卧起坐、俯卧撑、站姿体前屈、
	自选项目	跳远、6米掷网球、1千米滑雪、2千米滑雪、不计时游泳
日本	小学生 (11岁)	握力、仰卧起坐、坐位体前屈、反复横跨、20米往返跑、50米跑、立定跳远、掷球
	中学生	握力、仰卧起坐、坐位体前屈、反复横跨、20米往返跑、50米跑、立定跳远、掷球、长跑

从表4.15可以看出,许多国家针对不同年龄段制定了不同的测试内容和评价标准,但各个国家的青少年体质健康测试体系大同小异,重点测量的素质主要包括力量、耐力、速度等方面。

(二)我国学生体质健康测试概述

我国长期重视青少年体质健康工作,我国学生体质测试的演进历程可划分为初步探索、停滞与恢复、快速发展、蓬勃发展、稳固发展等5个阶段,在不同的发展阶段表现出移植与模仿、军事化、达标化、"健康第一"、以人为本、制度化和网络化、质量标准化和科学化等特征。[①] 1954年效仿苏联颁布了《准备劳动与卫国体育制度暂行条例》,1958年,国务院正式批准公布《准备劳动与卫国体育制度》,为我国青少年体质健康测试打下了基础。到20世纪六七十年代,这一制度先后演变为《青少年体育锻炼标准》和《国家体育锻炼标准》,青少年体质健康测试内容逐渐自主化。1979年,教育部联合其他部门开展了"中国青少年身体机能和素质测试研究",并于1981年成立了中国体育科学学会体质研究分会。随后,1982年至1990年间,《国家体育锻炼标准》经过了3次修订,并以约5年一次的频率开展了多次全国范围的学生体质健康测试,搜集了大量数据,为我国体质健康测试体系和体育教育制度的改革提供了依据,为"健康第一"的学校体育思想打下了基础。

2002年7月国家出台了《学生体质健康标准(试行方案)》[简称《标准(试行)》],加入了肺活量、BMI、坐位体前屈等项目,使原有的以身体素质达标为

---

① 于红妍.中国学生体质测试的演进历程及阶段特征[J].北京体育大学学报,2014(10).

核心的测试体系改变为以体质健康为核心的体系,提高了该体系与国际的接轨程度。2007 年,在《标准(试行)》发布 5 年之后,《国家学生体质健康标准》(简称《标准》)正式出台,并在同年启动了"亿万青少年学生阳光体育运动",青少年体质健康测试的制度化、网络化和科学化程度大幅提高。2013 年,教育部委托北京体育大学牵头 17 所高校组建修订工作组,组织开展了对 2007 年《标准》的修订工作。修订工作组系统总结了 2007 年《标准》实施以来取得的成功经验以及存在的问题,对 2013 年学生体质健康测试数据进行抽查复核,依据青少年生长发育规律,参考"全国学生体质与健康调研""全国学生体质与健康监测"等工作获得的学生体质健康数据,通过联合实地调研、借鉴国际经验、实测样本、建立数据模型、分析测试数据、调整标准等级、鉴定研制成果等十多个技术环节,最终建立了基于 17 个省(区、市)的 13 万学生的样本数据和测试常模,并于 2014 年 7 月由教育部发布新《标准》。[①]

　　2014 年颁布的修订后《标准》不再具有选测项目,而是设置了附加分,即对成绩超过 100 分的加分指标进行加分,满分为 20 分。小学的加分指标为 1 分钟跳绳,加分幅度为 20 分;初中、高中和大学的加分指标为男生引体向上和1000 米跑,女生 1 分钟仰卧起坐和 800 米跑,各指标加分幅度均为 10 分。2014 年版《标准》的改革主要表现在:(1)取消"同类"指标的"选测"制度,设立全国统一的评价指标,避免了各地各校在实践中的"避重就轻"(见表 4.16)。(2)进一步规范了等级评定,对体测项目的"优秀""良好"等级提出了更高要求,降低了不同体测项目的"及格"标准。(3)采用现阶段我国学生体质健康的实际水平进行科学的统计分析,增强了标准的信度、效度。[②] 在新增的引体向上项目中,大量男大学生无法及格,体现了当代青少年力量等身体素质的欠缺,同时也凸显了新《标准》对学生身体锻炼的引导作用。

[①]　郭建军,杨桦.中国青少年体育发展报告(2015)[M].北京:社会科学文献出版社,2015.
[②]　郭建军,杨桦.中国青少年体育发展报告(2015)[M].北京:社会科学文献出版社,2015.

表 4.16　2014 版《国家学生体质健康标准》的指标及权重

学段	测量指标	权重
小学一年级至大学四年级	体重指数（BMI）	15
	肺活量	15
小学一、二年级	50 米跑	20
	坐位体前屈	30
	1 分钟跳绳	20
小学三、四年级	50 米跑	20
	坐位体前屈	20
	1 分钟跳绳	20
	1 分钟仰卧起坐	10
小学五、六年级	50 米跑	20
	坐位体前屈	10
	1 分钟跳绳	10
	1 分钟仰卧起坐	20
	50 米×8 往返跑	10
初中、高中、大学各年级	50 米跑	20
	坐位体前屈	10
	立定跳远	10
	引体向上（男）/1 分钟仰卧起坐（女）	10
	1000 米跑（男）/800 米跑（女）	20

　　国家卫生委员会 2018 年 8 月正式实施《学龄儿童青少年超重与肥胖筛查》最新卫生行业标准,采用 BMI 界定超重、肥胖,凡 BMI 大于或等于相应性别、年龄组"超重"界值点且小于"肥胖"界值点者为超重,凡 BMI 大于或等于相应性别、年龄组"肥胖"界值点者为肥胖;年龄以半岁为单位,一律使用实足年龄,见表 4.17。

表 4.17 6～18 岁学龄儿童青少年性别年龄 BMI 筛查超重与肥胖界值

年龄/岁	男生		女生	
	超重	肥胖	超重	肥胖
6.0～	16.4	17.7	16.2	17.5
6.5～	16.7	18.1	16.5	18.0
7.0～	17.0	18.7	16.8	18.5
7.5～	17.4	19.2	17.2	19.0
8.0～	17.8	19.7	17.6	19.4
8.5～	18.1	20.3	18.1	19.9
9.0～	18.5	20.8	18.5	20.4
9.5～	18.9	21.4	19.0	21.0
10.0～	19.2	21.9	19.5	21.5
10.5～	19.6	22.5	20.0	22.1
11.0～	19.9	23.0	20.5	22.7
11.5～	20.3	23.6	21.1	23.3
12.0～	20.7	24.1	21.5	23.9
12.5～	21.0	24.7	21.9	24.5
13.0～	21.4	25.2	22.2	25.0
13.5～	21.9	25.7	22.6	25.6
14.0～	22.3	26.1	22.8	25.9
14.5～	22.6	26.4	23.0	26.3
15.0～	22.9	26.6	23.2	26.6
15.5～	23.1	26.9	23.4	26.9
16.0～	23.3	27.1	23.6	27.1
16.5～	23.5	27.4	23.7	27.4
17.0～	23.7	27.6	23.8	27.6
17.5～	23.8	27.8	23.9	27.8
18.0～	24.0	28.0	24.0	28.0

第五章　青少年体力活动及其生态学环境现状

第一节　青少年体力活动及其生态学环境全球概览

一、青少年体力活动行为

（一）来自《柳叶刀》体力活动研究组的数据

《柳叶刀》(*The Lancet*)是全球公认的高水平医学期刊。2012年《柳叶刀》体力活动工作小组根据全球学龄儿童健康调查(Global School-based Student Health Survey, GSHS)和学龄儿童健康行为(Health Behaviour in School-aged Children, HBSC)调查结果,评估了105个国家13～15岁儿童的体力活动状况,结果显示达到每天60分钟体力活动量标准的国家主要为欠发达国家,80.3%的13～15岁儿童体力活动量未达标,56个国家(占53%)男孩体力活动量未达标,100个国家(占95%)女孩体力活动量未达标。[1]

（二）来自全球联合《报告》的数据

2016年全球联合《报告》为分析当前全球青少年体力活动现状提供了详细的数据,38个国家和地区在《报告》中共计取得了267项指标的评级(见附录四)。总体上看,青少年体力活动及其生态学环境的整体水平不容乐观,所有指标的全球综合评级都集中在C类和D类,具体评价方法见本书第四章第二

---

[1]　Hallal P C, Andersen L B, Bull F C, et al. Global physical activity levels: surveillance progress, pitfalls, and prospects[J]. Lancet, 2012(9838).

节部分内容。在所有 342 项评级中,仅获得 62 项 B 类评级(约占 18％)和 9 项 A 类评级(约占 3％),没有国家取得 A＋评级。大部分国家的指标评级不够完整,仅 9 个国家取得了全部评级,其余国家在共计 75 项指标中未取得足够的数据,大量国家未取得"自主性体力活动"与"家庭和同伴的支持"的评级。

在《报告》的体力活动行为类指标中,"体力活动总体水平"和"静态生活方式"的评级普遍较低。统计结果表明,"体力活动总体水平"和"静态生活方式"的全球综合评级为 D,对应的整体达标比例分别约为 31％和 33％。其中,取得 B 类及以上评级的国家分别只有 2 个和 3 个;达到 C 类及以上评级的国家比例也不足 30％,这些国家主要为非洲国家。另一项对 42 个国家的研究也显示,13 岁和 15 岁学生在工作日日均屏幕时间超过 2 小时的比例分别为 62％和 63％。可见,日趋严重的"静态生活方式"可能是青少年"体力活动总体水平"较低的主要原因。斯洛文尼亚达到青少年体力活动标准的男女生比例分别为 86％和 76％,日均视频时间低于 2 小时的男女生比例分别为 74％和 79％,因此该国在这两项指标中分别取得了 A－和 B＋评级,领先于其他国家。在青少年"自主性体力活动"中,仅 17 个国家(约占 45％)获得该指标评级,这些国家的综合评级为 C－,对应的达标水平约为 44.9％,加纳、肯尼亚和荷兰在该项指标中评级最高(B)。

与上述三项指标相比,"组织性体力活动"和"上下学交通方式"的综合评级较高(C),其整体达标水平分别约为 50％和 51％。其中,超过 60％的国家获得了 C 类及以上评级,各有 9 个国家(约占 24％)的青少年达标比例超过 60％。丹麦 7～15 岁学生积极参与"组织性体力活动"的比例介于 85％～90％,因此在该指标中评级最高(A)。荷兰 12～17 岁青少年中,79％的学生每周骑车上下学至少 3 天,17％的学生每周步行上下学至少 3 天,因此荷兰在"上下学交通方式"上评级最高(A)。

二、青少年体力活动环境

(一)来自全球联合《报告》的数据概览

2016 年全球联合《报告》显示,政策、社区和学校维度的青少年体力活动生态学环境相对较好,但人际环境还有很大的提升空间。"政策与经费投入"在全部 9 个指标中评级最高,其对应的全球综合水平约为 54%(评级为 C)。15 个国家或地区(约占 39%)取得 B 类及以上评级,其中丹麦评级最高(A−)。"学校"和"社区及周边建筑环境"的全球综合水平均为 53%,其中取得 C 类及以上评级的国家超过 50%,取得 B 类以上评级的国家约占 34%,斯洛文尼亚和荷兰分别在上述两个指标中取得了最高评级(A)。但是,仅 34% 的国家在"家庭和同伴的支持"指标中取得 C 类及以上评级,最高评级为 B(中国、泰国和荷兰),全球综合水平约为 45%。

从"组织性体力活动""学校""社区及周边建筑环境"以及"政策和经费投入"来看,许多国家都在努力组织和引导青少年加强体力活动,但是从"自主性活动"和"家庭和同伴的支持"来看,青少年参加体力活动的主动性较低,吸引青少年参加体力活动的人际环境还有很大的提升空间,这两方面都与青少年体力活动的兴趣息息相关。由此可以推测,组织学生开展体力活动对促进青少年加强体力活动的作用有限,提升兴趣才是关键。

(二)青少年体力活动评价指标的相关分析

Mark 等对 2016 年《报告》的 5 类评级分别赋予分值(A=5,B=4,C=3,D=2,F=1)后,得出了每个国家的总得分、体力活动行为指标总得分(前 5 个指标得分之和)以及体力活动生态学环境指标总得分(后 4 个指标得分之和),并将这些得分与人类发展指数(HDI)、全球食品安全指数、基尼指数、性别不平等指数等数据进行相关分析。结果显示,环境类指标总得分与 HDI 及全球食品安全指数正相关,与基尼指数及性别不平等指数呈负相关,各个国家的《报告》总得分与基尼指数及性别不平等指数也呈负相关,张加林对 2014《报告》也分析得出了相似的结论(见图 5.1)。

国际经济水平似乎与体力活动指标呈一定程度的负相关关系。与发达国家相比,发展中国家往往在"体力活动总体水平""上下学交通方式"和"静态生活方式"中评级较好,但在"家庭和同伴的支持""社区及周边建筑环境"和"政策和经费投入"中评级较低。2014 年《报告》也发现,HDI 较高的国家青少年体力活动评级反而较低(见图 5.2)。2016 年《报告》中对发达国家的对比分析显示,家庭收入与儿童体力活动水平似乎呈正相关,但在低收入(欠发达)国家中则正好相反。与之相对应的是,某流行病/体力活动变迁理论也认

为，HDI 高的国家往往因为自动化和便利性的提升反而降低了体力活动
水平。

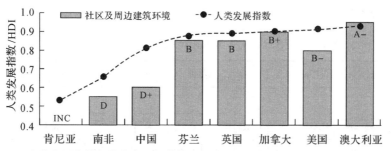

图 5.1　人类发展指数与儿童青少年身体活动社区环境的关系（基于 2014 年《报告》）①

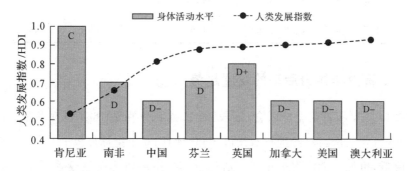

图 5.2　人类发展指数与儿童青少年身体活动水平的关系（基于 2014 年《报告》）

从社区维度看，发达国家在社区及环境指标上评级较高，欠发达国家评级
较低，身体活动行为指标总得分似乎与"社区及周边建筑环境"指标呈微弱的
负相关（$R=-0.28$，$P=0.18$）。儿童青少年体力活动促进的设施、政策和投
资较差的国家反而体力活动水平较高；设施差的国家往往体力活动水平较高，
静态生活方式比例较低。相反，体育设施较好的国家往往体力活动水平低，这
在另一角度说明自主性体力活动对体力活动行为的促进作用更优于体育设
施。从政策维度看，许多国家政策供给主体评级高但行为指标评级低。在政策
供给主体评级达到 B 级以上的国家中，政策与活动水平呈低度负相关趋势（$r=
-0.17$，$p=0.58$）。

① 张加林，唐炎，胡月英，等. 基于人类发展指数的儿童青少年身体活动国际比较［J］. 体育科学，2016(1).

2016 年 Malina 发表的专著中分析了不同经济水平国家男女生的体力活动水平,提示发展中国家乡村儿童的体力活动水平最高,这可能与这一区域的交通便捷程度较低、家务劳动较多有关(见表 5.1)。

表 5.1 不同经济水平国家男女生的体力活动水平(PAL)

区域	工业化国家(城乡)				发展中国家城市				发展中国家乡村			
性别	男		女		男		女		男		女	
年龄	n	PAL	n	PAL	n	PAL	n	PAL	n	PAL	n	PAL
5~9	225	1.60	232	1.58	81	1.56	81	1.56	340	1.75	310	1.74
10~14	887	1.60	700	1.58	133	1.62	73	1.70	450	1.85	400	1.86
15~19	838	1.70	1032	1.65	32	1.60	32	1.62	200	2.13	180	2.06

三、青少年体力活动的发展趋势

2014 年发布首份全球联合《报告》的 15 个国家在 2016 年也都发布了各自的《报告》,将两份《报告》进行对比可知,总计有 20 个指标评级上升,22 个指标评级降低,可见短期内青少年体力活动及其生态环境无明显改善。15 个国家中,除加拿大、爱尔兰和南非的整体评级有所提高之外,其余国家的青少年体力活动水平及其生态学环境没有明显改善,英格兰、莫桑比克和墨西哥的整体评级还出现了不同程度的下降。"社区及周边建筑环境"指标评级进步较大,但青少年"静态生活方式"的严峻形势未见好转。"体力活动总体水平"和"学校"评级呈退步的趋势,分别有 27% 和 40% 的国家 2016 年下调了对上述两个指标的评级(见表 5.2)。此外,共计有 10 项指标取得了新的评级,说明这些国家的青少年体力活动的评价工作有了明显进步。

表 5.2　15 个国家 2016 年较 2014 年指标评级的变化情况

评级	体力活动总体水平	组织性体力活动	自主性体力活动	上下学交通方式	静态生活方式	家庭和同伴的支持	学校	社区及周边建筑环境	政策与经费投入	总计
提高	2	3	2	3	0	2	2	4	2	20
降低	4	2	2	3	1	1	6	1	2	22
未变	9	10	8	8	14	10	6	8	10	83
新获	0	0	3	1	0	2	1	2	1	10

第二节　我国青少年体力活动及其生态学环境

一、青少年体力活动行为

《中国儿童青少年体育健身指数评估报告(2017)》显示,我国小学生、初中生和高中生每天 1 小时中高强度体力活动的得分仅分别为 17.7、9.8 和 6.5 分,儿童青少年身体活动水平指标得分仅为 11.4 分,虽然我国儿童青少年日常体育健身活动方式较为丰富(77.8 分),但体育健身行为指数综合得分也仅为 40 分。与之相比,体育健身环境指数为 74.8 分,体育健身效果指数为 80.1 分,提示我国儿童青少年体育健身在效果、环境和行为上存在着较为明显的"倒挂现象"。同时,体育健身总体上处于一种"被动参与"的状态。体质健康水平的得分明显高于健身意识的得分。

同样具有代表性意义的是我国在 2016 年全球儿童青少年体力活动峰会上发布的上海和香港《报告》。根据上海市数据,每天参加 60 分钟以上中高强度体力活动的儿童青少年比例仅为 19.7%(男 21.6%,女 17.6%)。2014 年《报告》中各国青少年参与组织化体育锻炼(校运动代表队和社会性俱乐部)的平均比例约为 50%,而 2016 年上海市青少年参加比例仅为 14.9%(男 17%,女 12%),其原因可能是我国青少年体育俱乐部较少。22.3% 的青少年在过去一周中有 4 天参加自主性体力活动,其原因可能是中国青少年较大的课业负担和较少的课外活动场地。32.7%的青少年步行上下学,8.4%的青少年骑车上下学,37.7%的学生乘坐私家车上下学。75.2%的学生工作日每天至少2小时处于静态行为,88.6%的学生在周末日每天至少2小时处于静态行为。总体上看,上海市在"体力活动总体水平""组织性体力活动"和"静态生活方式"三个指标中评级仅为F,"上下学交通方式"低于全球整体水平,"组织性体力活动"严重低于全球整体水平。

香港《报告》中的"体力活动总体水平"数据受到测量工具的影响,问卷调查显示在校学生达到了体力活动推荐标准的比例极低(约10%),而使用加速度计的调研表明达标率较高,因此香港此项指标的综合评级为D。香港参加课外组织性体力活动的青少年比例约为40%~50%,女生比例较低。分别有80%和77%的男、女生每周至少有1天采用活跃性交通方式(如步行、骑车)上下学,约一半的小学生经常步行上下学;青少年日均屏幕时间低于2小时的比例约为42%~61%。总体上看,香港青少年的体力活动水平位列世界平均水平。

2014年国家体育总局体质监测中心抽样对49308名6~19岁儿童青少年的"入户调查"数据显示,如果不考虑户外玩耍和上下学交通行为因素,仅14.4%的儿童青少年每天MVPA时间可达到60分钟,且随年龄增长呈下降趋势。[1] 2016年中国学龄儿童青少年体力活动和体质健康研究(PAFCTYS)[2]对90712名小学、初中和高中学生的问卷调查表明,我国儿童青少年日均MVPA时间为45.4分钟,男生略高于女生(47.2分钟 vs 43.7分钟),城市学生略高于乡村学生(46.9分钟 vs 44.8分钟),MVPA时间总体达标比例为29.9%,男生略高于女生(32% vs 28%),达标比例随着年级的上升而下降,小学4—6年级学生、初中生、高中生的日均MVPA时间分别为49.2分钟、47.7分钟和39.9分钟;屏幕时间未达标(日均超过2小时)的学生比例为36.8%。

除此之外,近年来还有大量国内学者发表了对各大省市青少年体力活动

①　李培红,王梅. 中国儿童青少年身体活动现状及相关影响因素[J]. 中国学校卫生,2016(6).

②　Fan X, Cao Z B. Physical activity among Chinese school-aged children: national prevalence estimates from the 2016 Physical Activity and Fitness in China—The Youth Study[J]. Journal of Sport and Health Science, 2017(4).

的测量结果,测量方法主要为加速度计(GT3X 或 GT3X＋)和调查问卷,总体
上看,达到 WHO 体力活动标准的青少年比例较低,青少年静坐时间较长(见
表 5.3)。

表 5.3　近年来部分学者对青少年体力活动的抽样监测数据

学者	地区	年份	学段	人数	工具	主要结果
李红娟	北京	2013	初中 1—2 年级	81	GT3X＋	在校期间,女生日均 MVPA 为 47.2±16.0 分钟,男生为 67.3±20.5 分钟。
左弯弯	南京	2012	小学 2—4 年级	261	GT3X	男女生 MVPA 时间分别为 44.31 分钟/天、39.04 分钟/天;肥胖儿童周末中等以上体力活动时间为 25.91 分钟/天,正常儿童为 38.43 分钟/天。
程艺	成都	2014	10～17 岁	295	调查问卷	青春期前期、中期和后期组每天用于体育锻炼的时间达到 1 小时以上分别为 43.43%,45.65%,19.36%。
薛红妹	成都	2015	7～15 岁学生	2164	调查问卷	13～15 岁年龄组看电视、使用电脑及做家庭作业 3 种静态生活方式的时间长于其他年龄段。
阿斯亚阿西木	成都	2013	8～17 岁	1402	调查问卷	每天静坐超过 2 小时的比例为 60.41%,43.65% 的学生步行到学校,40.66% 的学生未参加课外体育锻炼。
全明辉	上海	2014	9～17 岁	369	GT3X	学习日男女生步行量分别为 8753±1939 和 7445±1655 步/天;周末男女生步行量分别为 5921±2666 和 6091±3065 步/天。
何小龙	上海	2017	9～17 岁	297	GT3X	男、女生日均 MVPA 时间分别为 26.8±11.8 分钟和 24.1±13.5 分钟。
郭海军	沈阳 广州 成都 武汉	2016	中小学生	10909	调查问卷	每周达到中高体力活动水平的学生分别占 29.1% 和 31.5%;平均静坐活动时间为 158.6±154.3 分钟/天,53.7% 的人每天静坐活动 2 小时及以上。每周平均有 4.0±1.9 天,每天 44.9±39.5 分钟参加中等强度体力活动。

续表

学者	地区	年份	学段	人数	工具	主要结果
贾小芳	12省市	2011	7～18岁	1470	调查问卷	校外体育活动、在校体育活动、家务性劳动、活跃性上下学交通行为和静坐行为活动量的中位数分别为39.9、12.6、11.0、6.0和每周36.1MET-h。48.7%达到每周中高强度体力活动至少21MET-h的标准。
王超	—	2016	初一至高三	120	GT3X+	残疾学生日均MVPA时间30.3±13.2分钟；1.7%的残疾学生达到WHO推荐标准。
王超	天津等11市	2013	9～17岁	2163	GT3X	日均MVPA时间28.3±17.7分钟，上学日（30.2分钟）高于周末（23.6分钟），分别有9.4%和1.9%的男女生达到WHO推荐标准。

根据"中国儿童青少年体育健身指数评估报告（2017）"中的数据①，屏幕时间和作业时间占据了我国儿童青少年的大部分课外时间（见表5.4），指数中的"静态行为方式"指标得分仅为14.8分。

表5.4 中国儿童青少年屏幕时间和作业时间   （小时/天）

年级	小学四年级	小学五年级	小学六年级	初一	初二	初三	高一	高二	高三
每日屏幕时间	1.7	1.9	2	2.1	2.3	2.1	1.8	1.9	1.7
每日作业时间	1.3	1.3	1.4	1.8	1.9	2	2.1	2.1	2

二、青少年体力活动环境

（一）总体情况

我国政府历来重视青少年体力活动促进工作，并将学校作为开展青少年体力活动促进工作的主要平台。针对青少年的体力活动促进的政策包括教育

---

① 姜泓冰.中国儿童青少年体育健身指数评估报告发布［EB/OL］.（2018-08-14）http://sports.people.com.cn/n1/2018/0814/c14820-30226403.html.

部 1990 年颁布的《学校体育工作条例》、2007 年中共中央国务院发布的《关于加强青少年体育增强青少年体质的意见》、2011 年教育部下发的《切实保证中小学生每天一小时校园体育活动的规定》、2012 年国务院办公厅转发的教育部等 4 部门《关于进一步加强学校体育工作若干意见的通知》等。从这些文件的内容来看,大多属于宏观面的方向指导性意见,因此,其具体落实需要各省市根据各地的实际情况制定出具体的实施方案。①

2014 年 4 月 28 日,教育部下发了《学生体质健康监测评价办法》《中小学校体育工作评估办法》与《学校体育工作年度报告办法》,并在 6 月发布了《高等学校体育工作基本标准》,2015 年 5 月教育部又印发了《学校体育运动风险防控暂行办法》。② 2016 年国务院颁发 27 号文《关于强化学校体育促进学生身心健康全面发展的意见》。2016 年发布的《“健康中国 2030”规划纲要》明确提出:“实施青少年体育活动促进计划,培育青少年体育爱好,基本实现青少年熟练掌握 1 项以上体育运动技能,确保学生校内每天体育活动时间不少于 1 小时。到 2030 年,学校体育场地设施与器材配置达标率达到 100%,青少年学生每周参与体育活动达到中等强度 3 次以上,国家学生体质健康标准达标优秀率 25% 以上。”这些政策措施都为青少年体力活动提出了明确的要求。

2014 年的一项统计显示,为更好地落实国家在学生体育方面的方针政策,全国各省份下发的各级各类文件已达 401 个,其中地方下发的关于认真贯彻落实《国家学生体质健康标准》的文件有 36 个,贯彻落实中发〔2007〕7 号文件的有 34 个,贯彻落实《国务院办公厅转发教育部等部门关于进一步加强学校体育工作若干意见的通知》的有 55 个。

我国还在全国范围内开展了多项具有影响力的体育文化活动。在 2007 年“全国亿万青少年学生阳光体育运动”启动之后,国务院又在 2008 年设立了“加强青少年体育部际联席会议制度”。2011—2017 年,在山东青岛市、内蒙古赤峰市、河北秦皇岛市、吉林长春市、陕西渭南市、宁夏银川市分别举办了 6 届“全国青少年‘未来之星’阳光体育大会”,在牡丹江等地举办了 3 届冬季阳光

---

① 吴薇,陈佩杰,何晓龙. 美国《国民体力活动计划》及其 2014 年儿童青少年体力活动工作报告解析与启示[J]. 中国运动医学杂志,2015(4).

② 郭建军,杨桦. 中国青少年体育发展报告(2015)[M]. 北京:社会科学文献出版社,2015.

体育大会。近几年,"校园足球"也在全国范围内蓬勃开展,对青少年体力活动起到了强有力的带动作用。

除了具有良好的政策环境外,我国青少年体力活动的学校环境也较好。作为我国学校体育的主管部门,教育部不断完善体育课程标准。目前,我国要求小学每周体育课不低于 4 节,初中和高中的体育课应达到每周 3 课时,大学一、二年级体育课必须达到 144 学时。在"一校一品建设工程"的推动下,许多学校建立了体育校本课程,形成了大量的体育特色教学内容。体育设施不断完善,师资力量不断提高。2013 年,教育部牵头组建了全国学校体育联盟,并陆续组建各个项目的院校联盟,进一步提升了学校体育工作的专业性。但是,我国的学校体育环境还存在区域发展不平衡、场地设施条件不足、课内外体育活动得不到充分保证、体育师资力量不足等问题,需要在今后的工作中继续加以完善。除了政策环境和学校环境外,目前我国青少年体力活动的人际环境与社区环境的数据分值较低。

(二)来自"中国儿童青少年体育健身指数"的数据

"中国儿童青少年体育健身指数评估报告(2017)"[1]显示,我国儿童青少年体育健身环境指数为 74.8 分,体育健身环境失衡发展是我国儿童青少年体质健康促进过程中的重大隐忧。在五个环境要素上,学校环境得分最高(84.6分),制度环境(74.6 分)、家庭环境(74.7 分)和人际环境(76.7 分)得分相当,社区环境(43.3 分)得分最低(见表 5.5)。总体来看,学校环境对儿童青少年参与体育健身的支持力度最大,社区环境的支持力度亟待加强。

表 5.5　中国儿童青少年体育健身指数之体育健身环境各要素得分

一级指标(得分)	二级指标	得分
制度环境(74.6)	政策知晓度	43.6
	政府部门协调	81.1
	政策执行	81.3

① 姜泓冰. 中国儿童青少年体育健身指数评估报告发布[EB/OL]. (2018-08-14)http://sports. people. com. cn/n1/2018/0814/c14820-30226403. html.

一级指标（得分）	二级指标	得分
学校环境（84.6）	场地器材	65.7
	学校体育气氛	77.5
	体育时间保障	86.7
	体育师资	90.2
	领导重视	93.5
家庭环境（74.7）	客观支持	71.1
	主观支持	79.9
社区环境（43.3）	社区体育组织	26.3
	社区体育活动	32.4
	社区体育设施	65.7
人际环境（76.7）	同伴支持	76.7

（三）来自上海和香港《报告》的数据

2016 年全球儿童体力活动大会发布的联合《报告》显示，上海市学校的总体情况较好，学生的体育满意度、学校领导重视、场地器材情况、每天锻炼 1 小时的执行情况、体育课和大课间活动的开展情况 6 个方面比例为 80.1％，因此学校的评级为 B＋，是《报告》中评级最高的指标。但是，场地和大课间活动情况较差。在"家庭"维度，73.9％的家长对子女参与体育锻炼持积极态度，但更多停留在观念支持层面，行动表率较为欠缺。值得注意的是，上海市社区的体力活动场地、组织与活动 3 个方面发展极不均衡，青少年认可自己所住社区有体力活动设施、有相关组织（如体育俱乐部）、开展了青少年健身活动的比例分别为 55.3％、16.7％和 28.4％，表现为"有设施、缺组织、少活动"。此外，对青少年体力活动促进政策较为了解的家长不足 3 成（26.7％），说明相关政策的宣传力度和投入都有待提高。

香港的青少年体力活动生态学环境大致处于国际平均水平。香港《报告》显示，每周同父母至少参加 1 次体力活动的儿童和青少年比例分别为 37％和 23％；77％的小学每周体育课时间达到 70～120 分钟，85％的学校设立了体育日,分别有 28%和 42%的学校具有成文和未成文的体力活动促进政策;大部分 12 岁以上的青少年对社区体力活动设施满意,60%～79%的青少年家长认为所住社区安全。

第六章　青少年体力活动促进

　　随着社会的进步,城市化、工业化、信息化及智能化的推进,人类生活、工作和学习中的便捷性迅速提高,体力活动水平明显降低,成为肥胖、心血管疾病等慢性非传染性疾病高发的重要因素。我国中小学生升学压力较大,在很大程度上影响了其体力活动积极性。尽管国家力图通过增强学校体育工作来提高青少年体质健康水平,但是从社区、家庭等角度开展的青少年体力活动促进工作还较少。因此,本章重点阐述青少年体力活动促进理论模型与体力活动指南,以期为更科学、更全面地开展青少年体力活动促进工作提供理论依据。

第一节　青少年体力活动促进模型

一、格林模式

(一)格林模式的内涵

　　格林模式,即 PRECEDE-PROCEED 理论模型,是一种健康促进理论的综合应用模式。PRECEDE(Predisposing, Reinforcing, and Enabling Constructs in Educational Diagnosis and Evaluation),即教育诊断和评估中的倾向因素(Predisposing)、强化因素(Reinforcing)和促成因素(Enabling),PROCEED(Policy Regulatory and Organizational Constructs in Educational and Environmental Development)是在教育和环境的过程中的政策、管理和组织策略。格林模式的特点是通过研究和分析目标人群的需要去倒推满足需求的步骤和措施,其核心理念与健康促进的生态学模型相似,它们都认为健康行为受众多因素影响,具有复杂性和多维性。格林模式为健康促进教育提供了一个连续的操作模型,对青少年体力活动的促进工作有重要指导意义。

(二)格林模式的 8 个阶段

如图 6.1 所示,格林模式包括社会评估、流行病学评估、教育和生态评估、管理政策评估以及干预设计共 4 个评估阶段,以及后续的 4 个实施与评价阶段。社会评估是指了解目标人群的生活质量和所关注的问题。流行病学评估是指利用搜集的资料分析健康问题、判断干预目标,主要分 3 步进行:(1)评价各健康问题的重要性;(2)确定需优先解决的健康问题;(3)确定拟达到的健康目标。教育和生态评估是指分析影响行为的前置因素、促成因素和强化因素。管理政策评估以及干预设计是指分析可能影响干预项目效果的政策、资源和背景等因素。

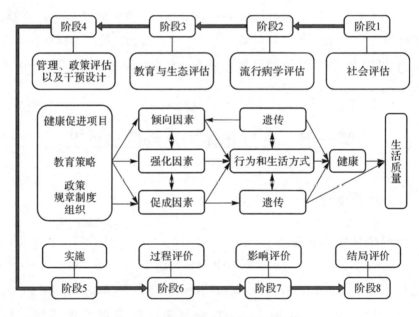

图 6.1 健康促进计划和评价的格林模式

在实施与评价阶段,过程评价包括对实施计划和步骤、实施范围和质量以及阶段性实施效果评价;影响评价是对倾向因素、促成因素、强化因素以及行为、环境因素的变化评价;结局评价通常会将重点放在健康行为的改变上,另外还要监测行为或者环境因素的变化。

(三)格林模式的应用

格林模式可灵活应用于个体、社区和人际等层面的多重健康促进理论,准确把握需优先解决的问题,确保健康促进策略制定的针对性和执行的有效性。国外已有大量研究将"PRECEDE-PROCEED"健康促进模式广泛应用于社区、临床及学校健康促进干预和某些特定人群的体育干预等领域,研究内容涉及不良饮食习惯、静坐生活方式、吸烟、饮酒等行为的干预,取得了良好的效果。1999 年,Welk 等人构建了青少年体力活动促进模型(Youth Physical Activity Promotion Model,YPAPM),见图 6.2。

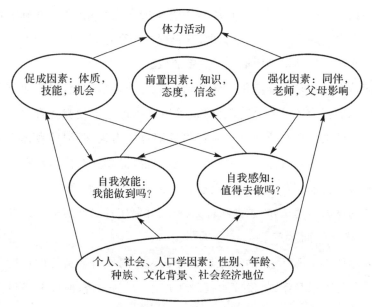

图 6.2　青少年体力活动促进模型(YPAPM)[①]

与之相比,国内应用"PRECEDE-PROCEED"模式开展的研究较少。苏连勇等曾采用"PRECEDE-PROCEED"模式建立了自闭症幼儿的体育干预体系,取得了良好的效果。颜昶、徐丽平将"PRECEDE-PROCEED"模式引入"学校健康促进模式"和"终身体育"理论体系之中,认为该模式对于学校体育和健康教育具有重大的指导意义,但未对其进行深入研究。与国外丰富的研究成果

① Gregory J. Welk. The youth physical activity promotion model: a conceptual bridge between theory and practice[J]. Quest,1999(1).

相比,国内学者还处于应用"PRECEDE-PROCEED"模式进行研究的初始阶段。

二、生态学模型在体力活动干预中的应用

生态学理论认为,健康行为是在多维因素及其交互作用的影响下改变的,外围环境可以从多个层面影响人们的体力活动行为。体力活动促进工作要想获得较好的效果,就需要从多个层面进行综合干预。

(一)个体层面的干预

个体因素对行为的影响是传统行为科学的研究重点,在此基础上建立的理论包括健康信念模式、自我效能理论、合理行动理论、计划行为理论等,这些理论已经在体力活动干预中取得了一定成效。

健康信念模式是最早应用于体力活动的行为科学理论,尽管研究表明它对体力活动的行为解释能力有限,但是采用这一理论干预肥胖青少年体力活动具有一定效果。自我效能理论对行为的解释能力很高,因此在体力活动干预中应充分考虑到对目标人群的自我效能干预,提高其对体力活动的兴趣和信心。阶段变化模型在一定程度上整合了部分个体水平的理论,有利于深入分析个体的体力活动认知、态度和行为特点,并制定针对性的干预策略。

(二)环境层面的干预

在人际环境层面,干预的重点是通过家人和同伴营造良好的体力活动支持环境。父母需以身作则,发挥示范带头作用,并从经济、时间和态度等方面给子女充分的支持。

机构层面,干预的重点是学校体育。学校要从制度建设、组织机构、物质支持、活动支持等方面给青少年建立良好的体力活动环境,尤其在执行国家政策方面,还要与家庭、社区一起建立联动的体力活动促进机制。

社区层面,其干预的核心在体力活动设施、活动、宣传。社区建成环境设计对青少年的体力活动参与意愿影响较大,安全性、通达性是需要考虑的重点。社区的体力活动服务和健康服务也是促进青少年产生健康信念和自我效能感的重要途径。

政策和舆论层面,各个国家和专业的健康机构都需要充分发挥其职能作

用。专业的健康机构应组织专业团队,应用现有的健康促进模型,通过科学的测量了解当前青少年的体力活动特点,并建立针对性的体力活动指南。同时,不同国家的机构之间还需要加强国际交流与合作,取长补短,通力合作,共同致力于青少年体力活动研究与实践。政府部门应发挥自身力量,动员学校、社区、卫生等相关部门参与到青少年体力活动之中,加强政策的针对性,积极利用媒体宣传,营造良好的体力活动社会文化氛围。

国外学者已应用健康促进生态学理论开展了多项促进体育锻炼的研究与实践。例如,美国、日本等发达国家在大量健康促进研究的基础上编写了《国民体力活动指南》;John 和 Jessie 将生态学模型应用到学校体育锻炼干预之中,取得了较好的效果。此外,在健康促进生态学模型的基础上,美国专门针对学生制定了学校、家庭和社区的综合体力活动促进指南,具有重要参考价值。西方国家在青少年体力活动生态学模型的某一层面进行了重点干预(见表 6.1)。

我国学者应用生态学理论开展的体力活动研究主要集中于最近 10 年,目前还主要集中在理论阐述和策略分析方面,应用到青少年体力活动干预的研究极少。张戈研究显示,学校政策和体育社团是大学生体力活动行为干预的有效途径。陈培友采用探索性因子分析和验证性因子分析方法,应用生态学理论构建了由 3 个二阶因子和 6 个一阶因子组成的青少年体力活动的影响因素模型,并发现青少年对家庭、同伴和教师的社会支持满意度较低。

表 6.1　西方国家在不同生态学维度的代表性青少年体力活动干预策略[①]

干预维度	国家和地区	干预策略
学校体育教育	北爱尔兰、苏格兰、挪威、瑞典、中国、日本、美国	(1)体育课程纳入校绩审查的一部分;(2)每周至少保证 2 小时高质量的体育课程;(3)必须由具有资格认证和高素质的体育教师授课。
学校环境支持	北爱尔兰、苏格兰、挪威、澳大利亚、新加坡、中国、泰国、瑞典	(1)提供形式各样的活动,包括游泳、运动、跳舞、户外活动、旅游活动等;(2)设计改造学校操场和周围的公园,提高学生玩耍和运动的积极性;(3)对学生健康促进工作做得较好的学校给予奖励;(4)鼓励学校每年进行学生体能测试并记录数据。

———————————

① 韩慧,郑家鲲. 西方国家青少年体力活动相关研究述评——基于社会生态学视角的分析[J]. 体育科学,2016(5).

续表

干预维度	国家和地区	干预策略
健康教育	挪威、瑞典、澳大利亚、日本、美国	(1)健康教育课程应体现体力活动对健康的好处；(2)与高校合作,加强教师专业培训；(3)为中小学卫生保健人员提供培训；(4)鼓励父母以身示范。
社区环境支持	北爱尔兰、苏格兰、挪威、澳大利亚、新加坡、中国	(1)为儿童和青少年设计具有挑战性和趣味性的开放空间、游乐场和公园；(2)学校和青少年俱乐部应与当地社团以及卫生专业人员共同制定体力活动促进项目,包括为经济困难的儿童青少年提供俱乐部费用补贴等；(3)鼓励、资助和支持地方政府和社区组织发展,旨在促进家庭利用现有设备积极参与体力活动；(4)公共体育场馆和设施应该对学生免费或优惠开放。
交通运输/城市设计	北爱尔兰、挪威、澳大利亚	(1)教育部门和学校应与环境部门合作,开发和建立安全的上学路线；(2)在距离学校 500 米处设立下车区域,鼓励学生走完剩下的路程。
大众媒介/广告活动	挪威、澳大利亚、泰国	(1)支持全社区范围的项目活动,为学校儿童和社区家庭直接提供教育活动和参与机会；(2)使用形象正面的名人作为代言人,提高公众锻炼意识。

三、多层次社区健康路径模型

(一)多层次社区健康路径模型概述

1988 年,Simons-Morton 等提出了多层次社区健康路径(Multilevel Approach to Community Health,MATCH)。多层次社区健康路径模型认为干预措施应该针对不同个体和目标而制定,应根据总体目标制定不同层次的分目标。和格林模式一样,多层次社区健康路径模型也已被广泛应用于健康促进领域。

(二)多层次社区健康路径模型的阶段和步骤

如表 6.2 所示,多层次社区健康路径模型包括目标选择、干预计划、制订实施计划、实施准备和评估共 5 个阶段,每个阶段又分为几个步骤。

表 6.2 多层次社区健康路径模型的各个阶段和步骤

阶段	内容	步骤
1	目标选择	步骤 1:选择健康状况目标 步骤 2:选择高优先级人口 步骤 3:确定健康行为目标 步骤 4:确定环境因素目标
2	干预计划	步骤 1:确定干预目标 步骤 2:选择干预内容 步骤 3:确定干预媒介 步骤 4:选择干预途径
3	制订实施计划	步骤 1:项目实施要件 步骤 2:选择或编制干预课程大纲 步骤 3:时间计划 步骤 4:制作或者获得指导材料、产品和资源
4	实施准备	步骤 1:促进采纳、实施和维护 步骤 2:选择和培训实施者
5	评估	步骤 1:过程评价 步骤 2:影响评价 步骤 3:结局评价

1. 目标选择

在该阶段,计划者应基于健康问题的流行现状、重要性、变化的可能性和其他相关环境因素来制定健康状况目标。计划制订者还应该确定干预的主要目标人群,分析最适用于该人群的健康行为,分析环境的支持性和障碍因素,构建环境目标。例如,在确定肥胖青少年作为对象之后,通过分析他们现有的体力活动特点,确定通过加强体力活动和科学饮食来改善其身体形态,而环境目标则可关注学校是否具有相应的体育锻炼设施、相关体育课程和健康课程等。

2. 干预计划

在此阶段首先应确定干预目标,然后选择适宜的干预措施、内容、干预媒介和实施途径,包括讲座、培训、倡导、咨询、社区组织、社会推广以及社会行动等。例如,肥胖青少年的体力活动促进工作可以通过个体层面的健康教育和体育课程、组织层面的学校管理、社区层面的课外活动以及政策层面的规划措施等方面,制订综合的干预计划。

3. 制订实施计划

该阶段需根据干预目标和计划,确定可行的干预目标和层次、场所、媒介等实施计划。然后,创作干预材料,或选择适宜的干预课程,制订详细的个人干预计划或者群体干预计划。例如,确定对肥胖青少年针对性地开设健康教育和体育课程之后,就需要制订计划,落实课程的内容和材料。

4. 实施准备

在该阶段计划者主要从以下几个方面做出准备:(1)开展宣传,提出倡议,让目标人群认识到要改变不良现状;(2)挖掘健康需求,寻求环境支持;(3)通过案例等途径向目标人群证明干预的益处和可行性;(4)辨别出干预媒介和目标人群中的核心人物,对其进行引导和教育,以便对目标人群产生积极影响;(5)与决策者建立良好的工作关系;(5)实施人员的培训及监督。

5. 评价

多层次社区健康路径模型的评估也包括过程评价、影响评价和结局评价。过程评价的目的是确定项目的实施过程是否符合预期;影响评价包括知识、态度和行为的改变情况,以及环境因素的变化;结局评价是最后对整个项目在健康促进方面的效果进行评估。例如,在对肥胖青少年进行体力活动和饮食干预后,调查其饮食控制情况、体育课执行情况,了解青少年的健康知识、体力活动态度和对合理膳食的认知,分析周围环境是否提供了较好的体力活动支持,最后评价其体重、体成分等生理指标的改变。鉴于该模型可能需要很长的执行时间,可能最终无法进行结局评价,或者出现结局评价不理想的现象。

第二节　青少年体力活动指南

一、世界卫生组织《关于体力活动有益健康的全球建议》

近年来,研究广泛证实体力活动不足与健康水平、疾病患病率以及死亡率之间呈正相关关系,体力活动不足已成为全球最大的公共卫生问题。2012年世界卫生组织发布了《关于身体活动有益健康的全球建议》,其核心内容是研究预防非传染性疾病与体力活动频率、持续时间、强度、类型和总量之间的量效关系,实现慢性非传染性疾病的初级预防。该文件中提出的建议针对 3 个年龄组:5~17 岁,18~64 岁和 65 岁及以上者。其中,对于 5~17 岁年龄组的青少年学生,体力活动包括在家庭、学校和社区中的玩耍、游戏、体育运动、交通往来、家务劳动、娱乐、体育课或有计划的锻炼等,这些活动可增进心肺、肌肉和骨骼健康,减少慢性非传染性疾病风险。相关的主要内容如下:

(1)5~17 岁青少年学生每天至少参加累计 60 分钟以上的中等到高强度的体力活动和每周至少进行 3 次较高强度的体力活动。

(2)要想获得更多的健康效益至少需要 60 分钟以上的体力活动;

(3)每周至少应进行 3 次类似于强健肌肉和骨骼的高强度身体活动,确保日常体力活动中的有氧运动。

二、体力活动促进的国家行动计划

在第五十七届世界卫生大会倡导各会员国积极制订体力活动的国家行动计划之后,许多国家的政府机构相继发布了以通过体力活动改善和增进国民健康为宗旨的指导方针、行动计划,在这些计划中对青少年、中青年和老年人等人群制定了相应的体力活动指南(见表 6.3)。其中,2008 年版的《美国国民体力活动指南》最具代表性。该指南包括 4 份文件:(1)2008 Physical Activity Guidelines for Americans(针对政策制定者和健康从业人员的指南);(2)Be Active Your Way:A Guide for Adults(针对 18~64 岁的成年人的活动手册);(3)2008 Physical Activity Guidelines for Americans Toolkit(针对社会组织、社会团体和社区的工具包);(4)2008 Physical Activity Guidelines Advisory Committee Report(针对专业人士和研究者的咨询报告)。《美国国民体力活动指南》不仅整理了大量体力活动与健康促进方面的开创性研究成果,还分别针对青少年、成人、老年人、特殊人群进行分析,并从活动方式、强度、时间等方面对体力活动健身进行了科学阐述,为美国国民的体力活动健身提供了科学化的指导和非常重要的依据,是当今体力活动研究的权威参考。

表6.3　国外代表性体力活动促进计划

国家	年份	指南名称
苏格兰	2003	《活力苏格兰计划》
英国	2004	《国民每周活动五次计划》
澳大利亚	2005	《澳大利亚国民体力活动指南》
日本	2006	《为了增进健康的运动基准2006——体力活动、运动、体适能报告书》
加拿大	2007	《体力活动指南》
美国	2008	《美国国民体力活动指南》

我国长期关注国民体质健康和全民健身工作。1995年6月20日,国务院下发了《关于印发全民健身计划纲要的通知》,正式颁布实施《全民健身计划纲要》(以下简称《纲要》),至今已经20余年。2016年我国又发布了《"健康中国2030"规划纲要》和《全民健身计划(2016—2020年)》,为科学开展全民健身工作提出了目标和思路。但是,我国的科学健身指南类出版物非常有限。尽管1987年人民体育出版社就编译出版了罗伊·杰·谢泼德所著的《体力活动与衰老》,但直到2011年人民卫生出版社才出版发行了另一本专门探讨体力活动健身的著作《中国成年人身体活动指南(试行)》。2012年,李红娟出版了《体力活动与健康促进》,该书除阐述了体力活动与健康促进的相关理论之外,还就体力活动与肥胖、糖尿病、心血管疾病、骨质疏松等疾病的关系进行了论述并开设了相应运动处方,但该书针对青少年等人群的篇幅较少。此外,《健康体适能》(王健,2008)等个别与体适能相关的著作也采用了一定篇幅对"体力活动与健康"的内容进行了阐述。

2017年8月,国家体育总局正式发布《全民健身指南》,该指南系统归纳了"十一五""十二五"期间大量研究成果,根据中国居民运动健身实测数据和我国的体育运动特点编制而成,包括体育健身活动效果、运动能力测试与评价、体育健身活动原则、体育健身活动指导方案等内容,对我国国民的健康促进具有很大针对性。[①] 2018年1月,国内首部《中国儿童青少年身体活动指南》正式发布。

---

① 国家体育总局. 全民健身指南[R]. 北京,2017.

三、青少年体力活动指南的演进历程——以美国为例

美国是建立儿童青少年体力活动指南的代表性国家。1992年,ACSM、CDC与"美国总统体质与运动委员会"(PCPFS)联合发布了一系列有关体力活动生活方式对预防疾病的意义。1994年,专家组发表了针对青少年(11~21岁)适宜体力活动水平的建议(Toward an understanding of Appropriate Physical Activity Levels of Youth)。同年,Corbin等专家在"总统体质与运动委员会研究文摘"上发表了"儿童终身体力活动模型"(Children's Lifetime Physical Activity Model,简称C-LPAM),这是首份真正意义上的青少年体力活动指南(见表6.4)。2001年英国学者Gilson等人的一项研究以该指南来评价青少年体力活动水平,进一步证实了该指南的有效性。

表6.4 "儿童终身体力活动模型"内容概览

标准	频率	强度	持续时间
最低标准	每天至少3组	中等强度;间歇性活动;或步行、骑车上下学。	每天至少消耗3~4kCal/kg能量;约等于30分钟以上的活跃性玩耍,或至少3组间歇性中等强度活动。
最佳功能标准	每天至少3组	中高强度;间歇性活动;或步行、骑车上下学。	每天至少消耗3~4kCal/kg能量;约等于60分钟以上的活跃性玩耍。

1998年,美国国家体育教育协会(NASPE)和英国健康教育局(BHEA)分别发布了各自的青少年体力活动指南,其中英国指标的题目为"Policy Framework for Young People and Health-enhancing Physical Activity",提出体力活动方式包括交通、体育课、玩耍、游戏、运动、休闲、功能性身体锻炼等方式;要求青少年在一周中的大部分天数都需要参加至少60分钟中等强度体力活动。目前参加体力活动较少的青少年,应每天参加30分钟中等强度体力活动,并逐渐增至60分钟。上述两份指南可算作国际上最早发布的全国性的青少年体力活动指南。2004年美国NASPE将该指南再次更新,并建立了体力活动金字塔(见图6.3)。

在此期间,美国健康和人类服务(USDHHS)发布的"Healthy People

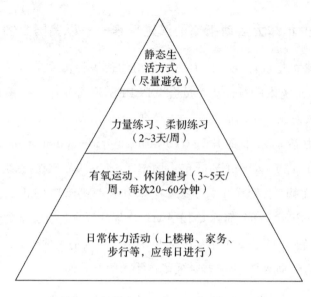

静态生
活方式
（尽量避免）

力量练习、柔韧练习
（2~3天/周）

有氧运动、休闲健身（3~5天/
周，每次20~60分钟）

日常体力活动（上楼梯、家务、
步行等，应每日进行）

图 6.3 体力活动金字塔

2010"中对儿童青少年体力活动进行了相应的表述。2002 年，加拿大发表了分别针对 6～9 岁和 10～14 儿童青少年的体力活动建议，澳大利亚在 2004 年发布了分别针对 5～11 岁和 12～18 岁儿童青少年的体力活动指南。

2005 年，美国 CDC 专家组在大量学术研究的基础上，发表了另一份与 NASPE 相似的青少年体力活动指南，但其目标人群年龄有所提高，并对静态时间等指标进行了进一步说明。2008 年，PCPFS 再次发布了以美国总统挑战杯为题的儿童青少年体力活动指南，其主要对象为 5～12 岁儿童，并将步行量作为青少年体力活动的参考标准。同年，美国体力活动指南咨询委员会（PAGAC）发布的《美国国民体力活动指南》专门针对儿童青少年提出了体力活动建议。表 6.5 列出了美国代表性儿童青少年体力活动指南的核心内容。2010 年，ACSM 在第 8 版的运动测试和运动处方指南中对青少年提出了新的体力活动建议：至少每周 3～4 天（最好每天）参加 30 分钟以上的中高强度体力活动，包括步行、游戏、活跃性玩耍、跳舞、体育活动以及骨骼和力量训练。

表 6.5 美国代表性儿童青少年体力活动指南概览

年份	机构	指南内容
1994	PCPFS	1. 儿童活动需致力于中等强度活动,包括活跃性玩耍等大量零散活动。 2. 需推广、鼓励步行或骑车上下学以及家庭活动等利于建立终身体力活动模式的活动方式。 3. 学校、社区的活动项目需要给青少年提供更多学习基础活动技能的机会,通过合理的中等强度活动全面增强健康体适能水平。 4. 只有对喜欢或适应高强度活动的青少年,才可以提出每天 20～30 分钟重度体力活动的要求。
2000	USDHHS	1. 每周至少 5 天参加 30 分钟以上体力活动。 2. 每周至少 3 天参加 20 分钟以上提高心肺机能的高强度体力活动。 3. 保证上学日每天都有体育课。 4. 体育课中 50% 的时间处于活动状态。
2004	NASPE	1. 小学生每周大部分天数需要根据年龄和发育程度参加 30～60 分钟的中等强度体力活动。 2. 鼓励学生每天参加 60 分钟以上的与其年龄和发育程度匹配的体力活动。 3. 青少年体力活动可以由多次 10～15 分钟的中高强度体力活动构成。 4. 青少年不宜长期保持不活动状态。 5. 体力活动金字塔中为青少年推荐了大量体力活动方式。
2005	CDC	1. 学龄儿童青少年每天需参加 60 分钟以上的中高强度体力活动(5～8METs),其活动必需适宜生长发育,具有较好的情感体验。 2. 体力活动可以包括体育课、校级体育比赛以及课外体力活动。 3. 从幼儿园至 12 年级都需要每天开设体育课。 4. 静态时间应限制在每天 2 小时以内。 5. 体力活动较少的青少年可以每周增加 10% 的运动量,逐渐达到,每天 60 分钟的体力活动时间。
2008	PCPFS	1. 5～12 岁儿童青少年每天应该参加 60 分钟有益于生长发育的中高强度体力活动。 2. 5～12 岁儿童青少年体力活动可以由多个 15 分钟的体力活动组成,但 5 分钟的持续时间亦可。 3. 女孩步行量需达到 11000 步/天,男孩需达到 13000 步/天。
2008	PAGAC	1. 每天体力活动时间至少 1 小时,以中高强度为主,每周至少 3 天参加高强度体力活动。 2. 每周至少 3 天参加肌力锻炼和强健骨骼的运动。 3. 应根据青少年的兴趣、年龄等因素,鼓励其参加多种体力活动。

四、《中国儿童青少年身体活动指南》简介

我国长期缺乏儿童青少年体力活动指南,在很大程度上制约了青少年健康促进工作的开展。在上海市加强公共卫生体系建设 3 年行动计划项目(GWIV-36)的资助下,国家儿童医学中心、上海体育学院等医疗卫生和体育专业团队在 2016 年 7 月组成了中国儿童青少年身体活动指南工作组。工作组征求了来自儿科、运动健康、公共卫生领域专家的意见,梳理了来自学生、家长、老师等各方对中国儿童青少年身体活动最关注的 10 个问题,系统复习和评价了国际上现有的涉及儿童青少年身体活动的 28 项指南,于 2018 年 1 月正式发布了国内首部《中国儿童青少年身体活动指南》(标准版和简化版),其中"身体活动"与本书中的"体力活动"的内涵完全相同。《中国儿童青少年身体活动指南》采用问答的形式对 10 个问题进行了系统的解答,详细列举了国际体力活动指南及相关流行病学研究的证据,阐述了儿童青少年常见体力活动的代谢当量、儿童青少年主观运动等级强度等专业知识(见表 6.6)。该指南的发布不仅可为教育、卫生行业的工作者在开展青少年体力活动促进工作时提供借鉴,还可以提升家庭、社区、学校、政府部门等社会各界对青少年体力活动的关注度,共同促进我国青少年养成良好的体力活动意识和行为习惯。

表 6.6　《中国儿童青少年身体活动指南》提出的主要问题与推荐意见[①]

序号	问题	解答
1	什么是身体活动?	是指任何骨骼肌收缩引起的高于基础代谢水平能量消耗的机体活动。
2	什么是久坐行为?	清醒状态下坐姿、斜靠或卧姿时任何能量消耗≤1.5MET 的行为。
3	身体活动对儿童青少年身体健康有哪些益处?	促进身体健康,包括改善身体成分,提高心肺耐力,促进心血管健康和代谢健康,改善骨骼、肌肉和关节的健康。

---

　　① 中国儿童青少年身体活动指南制作工作组.中国儿童青少年身体活动指南[J].中国循证儿科杂志,2017(6).

续表

序号	问题	解答
4	身体活动对心理健康、认知、学业及社交技能有哪些影响？	身体活动有益于心理健康；有助于认知发展和学业成绩的提高；可提高社交技能。
5	久坐行为对儿童青少年健康的危害？久坐行为与身体活动不足的区别？	久坐行为（现有研究大多以"屏幕时间"为主）与儿童青少年较差的体适能、肥胖以及心血管代谢疾病相关；还与较差的社会适应性、较弱的自尊以及反社会行为和较差的学业成绩有关。
6	儿童青少年每天应进行多少身体活动？屏幕时间限制的最低要求？	每天至少累计达到 60 分钟 的中高强度身体活动，包括每周至少 3 天的高强度身体活动和增强肌肉力量、骨骼健康的抗阻活动，更多的身体活动会带来更大的健康收益；每天屏幕时间限制在 2 小时内，鼓励儿童青少年更多地动起来。
7	可采用哪些方法评估身体活动强度？	对于非专业人员，可以采用脉搏测量或者 RPE 量表对儿童青少年身体活动强度进行评估。
8	如何理解身体活动与伤害关系？	较少进行身体活动的儿童青少年更易受伤，应鼓励每天进行身体活动。
9	不同气候环境条件下，如何指导儿童青少年开展身体活动？	当空气质量指数类别为优/良时，推荐儿童青少年进行户外身体活动；当空气质量指数类别为轻度/中度污染时，建议儿童青少年减少户外身体活动；当空气质量指数类别为重度/严重污染时，建议儿童青少年避免户外身体活动。
10	哮喘儿童青少年如何进行身体活动？	身体活动是哮喘管理控制的非药物治疗策略之一。哮喘儿童在医生指导使用药物控制好症状的前提下，还是应鼓励定期进行身体活动以获得全面的健康益处。

五、青少年运动处方

(一)运动处方概述

运动处方（Exercise Prescription）是指由医生或体育工作者给锻炼者按照年龄、性别、健康状况、身体锻炼经历和心肺或运动器官的机能水平等，用处方的形式制定的系统的、个性化的健身方案。运动处方的概念最早是美国生理学家卡波维奇在 20 世纪 50 年代提出的。60 年代以来，随着康复医学的发展及冠心病康复训练的开展，运动处方开始受到重视。1969 年世界卫生组织开始使用运动处方术语，并在国际上得到认可。

运动处方可分为健身运动处方、竞技运动处方、康复运动处方和保健运动处方,具有目的性、计划性、针对性、普及性和科学性的特点,制定运动处方需遵循因人而异原则、有效性原则、安全性原则和全面性原则。运动处方包括以下几大要素:

(1)运动目的。依性别、年龄、职业和身体健康的不同,运动目的有强身保健、防治疾病、健美减肥、消遣娱乐等。通常儿童青少年以促进骨骼发育、防止肥胖为目的;青年人多以消除疲劳为目的;中老年人则多以治疗疾病为目的。为了提高运动处方的针对性,我们先要对人体各项机能水平进行测量评价,根据其结果来确定运动目的。

(2)运动项目。需根据其体能水平、兴趣爱好、运动条件等因素选择运动项目,现代新兴的运动处方主要包括有氧运动、无氧运动或综合性运动。有氧运动可理解为人体在氧气充分供应的情况下进行的体育锻炼,其特点是强度不大但持续时间长,通常指持续 5 分钟以上还有余力的运动。由于有氧运动期间肌肉收缩而需要大量养分和氧气,心血管和呼吸系统必需长时间提供氧气、排出废物,从而锻炼了心肺耐力。有氧运动主要包括慢跑、步行、舞蹈、骑车等。无氧运动可理解为肌肉在"缺氧"的状态下高速剧烈的运动,其负荷强度大、运动时间短,人体内的糖和脂肪来不及经过氧气分解,而不得不依靠"无氧供能"。无氧运动大都是一些爆发性、力量性运动。如举重、短距离赛跑、跳高、跳远等。综合性运动既包括了有氧运动又包括了无氧运动,它可以综合改善人体的灵敏性、协调性等身体素质,包括足球、篮球、排球、羽毛球等。我国2017 年出版的《全民健身指南》列举了不同体力活动方式的健身效果,见表 6.7。

(3)运动强度。运动强度是指单位时间内运动量,可以通过摄氧量来直接测量,也可通过心率、主观疲劳程度(RPE)等进行间接判断。力量练习强度可以采用 RM 为单位,例如,1RM 是指尽力只能完成 1 次的负荷,10RM 指可以重复完成 10 次的负荷。

表 6.7　体力活动方式与健身效果[①]

活动类别	活动方式	健身效果
有氧运动（中等强度）	健身走、慢跑（6～8 千米/时）、骑自行车（12～16 千米/时）、登山、爬楼梯、游泳等	改善心血管功能、提高呼吸功能、控制与降低体重、增强抗疾病能力、改善血脂、调节血压、改善糖代谢
有氧运动（高强度）	快跑（8 千米/时以上），骑自行车（16 千米/时以上）	提高心肌收缩力量和心脏功能，进一步改善免疫功能
球类运动	篮球、足球、橄榄球、曲棍球、冰球等，排球、乒乓球、羽毛球、网球、门球、柔力球等	提高心肺功能、提高肌肉力量、提高反应能力、调节心理状态
中国传统运动	太极拳（剑）、木兰拳（剑）、武术套路、五禽戏、八段锦、易筋经、六字诀等	提高心肺功能、增强免疫机能、提高呼吸功能、提高平衡能力、提高柔韧性、调节心理状态
力量练习	非器械练习:俯卧撑、原地纵跳、仰卧起坐等;器械练习:各类综合力量练习器械、杠铃、哑铃等	增加肌肉体积、提高肌肉力量、提高平衡能力、保持骨健康、预防骨质疏松
牵拉练习	动力性牵拉:正踢腿、甩腰等静力性牵拉:正压腿、压肩等	提高关节活动幅度和平衡能力，预防运动损伤

（4）运动持续时间。是指每次运动的持续时间,运动量＝运动强度×持续时间。通常有氧运动持续时间不宜过短,5 分钟是全身耐力运动所需的最短时间,通常至少需要持续 10 分钟才能达到正常的有氧代谢水平,持续 30 分钟才能达到较好的锻炼效果。

（5）运动频率。通常指一周内参加运动锻炼的天数,研究显示有氧运动锻炼的间隔时间超过 3 天会导致效果不佳,当每周锻炼次数增加到 5 次以上时,有氧能力的增加有限,因此通常的每周有氧锻炼 3～5 次是最适宜的频率。由于力量训练需要充分恢复,因此通常要求每周锻炼 2～3 次即可。

（6）注意事项。参加体育锻炼之前需要明确运动的禁忌证或不宜进行运动的特征,如严重的心血管疾病等。运动中的安全至关重要,因此每次健身应有足够的热身运动,健身后需要进行整理活动,在力量训练中尤其应避免受

[①]　国家体育总局.全民健身指南[R].北京,2017.

伤,必要时需要他人给予辅助。

(二)适宜儿童青少年的运动

1. 儿童阶段

从入小学起(6～7岁)到青春期(女12岁,男13岁)开始之前称学龄期。此期间小儿体格生长仍稳步增长,各器官的发育基本接近成人水平,脑的形态发育与成人大致相同,智能发育更为成熟,抑制、理解、分析、综合能力增强,是接受教育的重要时期。宜安排促进身体全面发展的体育运动,提高他们参加体育活动的自觉性和身体锻炼的效果,发展个性,培养进取精神,促进身心全面发展。运动项目可以从体育游戏逐步过渡到球类运动、韵律体操、体育舞蹈等为主。

球类运动不仅能满足孩子们的兴趣,而且能锻炼他们敏捷的身手。打球时,要求人体各感受器把运动情况迅速、准确地报告给大脑皮层,以便不失时机地做出反应。经常打球,人体的神经系统、运动系统的机能都会得到锻炼。集体性球类运动还可培养集体主义荣誉感,增进小伙伴之间的友谊。这就是为什么球队里的孩子们的友情比一般孩子间的友情深厚的原因。

体育舞蹈能够使学生的感情产生共鸣,激发他们的积极情绪。表演体育舞蹈的过程中,学生需迅速记忆各种音乐和肢体动作,对学生的记忆力有很强的锻炼作用。此外,学生们张开想象的翅膀,把抽象的音乐变成具体的思维和肢体动作,给孩子们营造一个自由发展的空间,可增强学生的创造力。

由于儿童肌肉的发展滞后于骨骼的发展,骨密度低,关节活动度大,因此这一阶段不宜进行过多的力量训练,应回避负重力量练习、拔河、倒立、掰手腕、健美器械练习等锻炼方法。儿童时期能量需求大,而长跑可能导致能量消耗过大,影响骨骼肌肉的正常发育,因此儿童不宜进行时间过长的长跑锻炼。

2. 青少年阶段

青少年应全面接触多种体育运动,一可培养参加锻炼的兴趣和习惯,二可全面提高力量、柔韧、协调、平衡、肌肉耐力、心肺机能等身体素质。参加锻炼的种类越多,身体的发展就越全面,身体的协调性就越好,对今后学习新动作更有利。可供选择的运动项目有跳绳、跳高、踢毽子、引体向上、游泳、广播体操、爬楼梯、爬山、远足、散步、滑冰、滑雪、划船以及篮球、排球、乒乓球、网球、羽毛球等球类运动。

不同体质的青少年应该选择不同的运动项目。身体偏瘦弱者需减少对抗性运动,适当增加力量练习,如仰卧起坐、引体向上等;超重、肥胖青少年应增加持续时间较长的有氧运动,如慢跑、游泳等;身体协调性、灵敏性较差者应增加球类活动、体操等项目的练习;预防近视者可进行乒乓球、羽毛球等小球类运动。

不同气质类型的青少年也应该选择不同的运动项目。体弱且急躁型的青少年应选择慢跑、长距离步行、游泳等缓慢、强度小、持久性的运动;体力适中且犹豫型的应选择羽毛球、网球、跳高等体育运动;孤独性格的应选择足球、篮球、排球、拔河等集体项目;胆怯型的适合选择游泳、滑冰、跳马、平衡木等运动;自负和自强型的青少年应选择跳水、体操、艺术体操等难度大、动作较复杂的运动;紧张型青少年的应选择集体性、激烈的活动;缺乏信心型的青少年应选择跳绳、广播操、跑步等简单易做的运动。

对于初练者,运动强度和运动量要循序渐进,瘦弱者先选用慢跑、乒乓球、游泳、俯卧撑等小运动量身体练习,随着身体运动状态的调整和适应,及时增加肌肉力量练习,特别是促进体形恢复的大运动量健美练习,既有利于局部肌肉塑造,又有利于瘦体重的增加。值得注意的是超重者在身体练习初期阶段,可能会有体重不变的现象,但从身体成分上已发生了改变,即体脂量减少了,瘦体重增加了,达到了减肥增壮的目的。

(三)促进青少年体质健康的运动处方

1. 运动目的

(1)青少年运动的主要目的是促进生长发育,增强体质,重点提高耐力、力量素质;

(2)培养良好的健身习惯,提高心理健康水平。

2. 运动项目

(1)力量项目:引体向上、上肢哑铃练习、俯卧飞燕、仰卧起坐、高抬腿练习等。

(2)耐力练习:跑步、爬山、游泳等。

(3)综合的体育锻炼:球类活动等。

3. 运动强度

(1)应避免进行负荷过重的力量练习,以较小的负荷(最大力量的50%)开始,逐渐增加负荷和强度,最终可达到最大力量的80%。

(2)耐力性运动以中等强度为主,可包含少量低强度和高强度运动。中等强度运动时心率约为120~150次/分;小强度运动时心率低于120次/分;高强度运动时心率高于150次/分。

4. 运动时间

每次运动的总时间控制在30~60分钟。耐力性运动需尽量延长运动时间,每次持续时间不低于10分钟。

5. 运动频率

力量练习和耐力运动相搭配,每周力量练习2天,耐力性运动2~3天。两次锻炼之间的间隔时间不宜超过2天,若运动量较大时,休息、间隔时间可适当延长。

6. 注意事项

(1)运动时应注意培养正确的身体姿势,全面锻炼身体各部分,注意控制运动负荷尤其是重力负荷,注意肌肉发育的均衡性。

(2)注意做好充分的准备活动,预防损伤的发生,力量练习中尤其需要注意循序渐进。

(3)注意保持充足、均衡的营养。

(四)不同空气质量下的儿童青少年户外体力活动建议

1. 运动目的

《中国儿童青少年身体活动指南》基于中华人民共和国环境保护标准《环境空气质量指数(AQI)技术规定(试行)》(HJ633-2012)、美国环保局网站、联合国儿童基金会网站提出了不同空气质量指数下的儿童青少年体力活动推荐意见,建议在空气重度污染时避免户外体力活动(见表6.8)。

表 6.8　空气质量指数及儿童青少年体力活动建议[①]

空气质量指数	空气质量指数类别	健康效应	体力活动建议
0～50	优	空气质量令人满意,基本无空气污染	推荐进行户外体力活动
51～100	良	空气质量可接受,但某些污染物可能对极少数异常敏感儿童健康有较弱影响	
101～150	轻度污染	儿童出现刺激症状,呼吸道症状轻度加剧	减少户外体力活动
151～200	中度污染	儿童症状加剧,对心脏及呼吸系统可能产生影响	
201～300	重度污染	儿童普遍呼吸系统受影响,心血管疾病或呼吸系统疾病儿童症状显著加剧	避免户外体力活动

六、青少年体力活动的营养

(一)营养需求

青少年时期的能量供给要考虑到基础代谢、生长发育和体力活动这三个方面。一方面,青少年基础代谢所需的能量占总能量的比例高于成人,因此每千克体重所需营养更高;另一方面,青少年生长发育需要大量的能量,对各类营养素的需求都较高,而且对营养素的吸收和储备能力低于成年人,因此容易产生营养不足。此外,青少年体力活动较多,体力活动能耗在总能耗中占据了重要比重。中国营养学会推荐了儿童青少年每日能量膳食摄入量,并按体力活动程度的不同予以分类,见表 6.9。

---

① 中国儿童青少年身体活动指南制作工作组. 中国儿童青少年身体活动指南[J]. 中国循证儿科杂志,2017(6).

表 6.9　中国儿童青少年不同体力活动水平能量推荐摄入量计算值①

单位:kCal/(kg・d)

性别	年龄	基础代谢率	轻体力活动	中度体力活动	重度体力活动
男	6	47.7	74.7	84.3	93.9
	7	45.2	70.8	79.9	89.0
	8	43.5	68.1	76.9	85.7
	9	41.5	64.9	73.3	81.6
	10	40.1	62.8	70.9	79.0
	11	37.8	59.1	66.8	74.4
	12	35.8	56.1	63.3	70.6
	13~15	33	51.7	58.3	65.0
	16~17	29.5	48.2	54.2	61.7
女	6	48.6	73.7	81.0	93.3
	7	46.3	70.1	77.1	88.8
	8	44.0	66.7	73.3	84.5
	9	41.8	63.4	69.7	80.3
	10	38.1	57.7	63.5	73.1
	11	35.0	53.0	58.3	67.2
	12	32.3	49.3	54.3	62.5
	13~15	29.8	45.6	50.1	57.7
	16~17	27.6	40.5	46.1	51.7

　　7~17 岁青少年所需蛋白质、脂肪和碳水化合物占每日总能量的比例分别为 12%~13%、25%~30% 和 55%~60%。年龄越小,需要的脂肪和蛋白质比重越高。青少年对各族维生素都有相应的需求,其中维生素 B_1 与能量代谢关系密切,能量消耗越多,所需维生素 B_1 就越多,青少年运动人群维生素 C 的推荐供给量为 35~40 mg/1000kCal。青少年还应保证正常的钾、钠、钙、镁、锌、铜、铁等微量元素的摄入量,青少年时期骨骼生长迅速,对钙的需求很高。

① 程义勇.中国居民膳食营养素参考摄入量(2013 修订版简介)[J].营养学报,2014(36).

骨骼增长高峰期女子为 11～14 岁,男子为 12～16 岁,该阶段钙摄取量是否充足对骨骼发育和骨骼健康十分重要。

(二)营养建议

中国营养学会于 1997 年制订了"中国居民膳食指南及平衡膳食宝塔"(图 6.4),2000 年又出版了《中国居民膳食营养素参考摄入量》等指导性书籍,对中国居民的平衡膳食、合理营养、促进健康做出了详细具体的建议。鉴于儿童青少年对零食的依赖性较高,卫生部疾病预防控制局、中国疾病预防控制中心营养与食品安全所和中国营养学会在 2008 年专门出版了《中国儿童青少年零食消费指南》,希望有助于引导青少年建立良好的零食消费习惯。

油 25~30 克
盐 6 克

奶类以及乳制品 300 克
大豆类以及坚果 30~50 克

畜禽肉类 50~75 克
鱼虾类 50~100 克
蛋类 25~50 克

蔬菜类 300~500 克
水果类 200~400 克

谷类以及杂豆 250~400 克
水 1200 毫升

图 6.4 中国居民平衡膳食宝塔

除了遵循营养素的平衡摄入和合理搭配外,青少年体力活动还需注意以下营养要点:

(1)大量出汗后应及时补充运动饮料或含糖、含盐的水分,以多次少量的补水方法为宜。

(2)体力活动后不宜过量补充营养,以免因能量过剩导致超重、肥胖。

(3)合理补充营养品,如维生素、矿物质的混合制剂等。

(4)建立良好的饮食习惯,杜绝挑食、偏食。

七、青少年体力活动的风险管理

长期有规律的体力活动有利于降低慢性病发病率、提高生命质量,但是体力活动过程中尤其是剧烈运动有中暑、损伤甚至猝死等风险。有研究表明,运动损伤发生率最高的人群是 10～14 岁青少年,其中足球、篮球、骑车、滑板等项目中损伤较普遍,女生在篮球运动中容易受损伤。

预防青少年运动损伤既有短期效益又有长期效益。一方面,运动损伤会导致医疗消费,甚至对学业造成影响;另一方面,运动损伤的减少有利于青少年建立更高的自我效能,提高青少年建立长期锻炼习惯的可能性。此外,预防青少年运动损伤还有利于降低青少年骨性关节炎的发病率。

根据风险管理的理论,体力活动的风险管理需要针对体力活动过程中可能涉及的风险因素,制定合理的管理模型。为此,专家们制定了运动风险管理金字塔,有助于健康管理专业机构和从业人员预防青少年运动风险,有效规避相关法律责任。金字塔通过健康和健身专业人员以及相关设备、措施的七道防线,最大限度地减少体力活动风险(见图 6.5)。

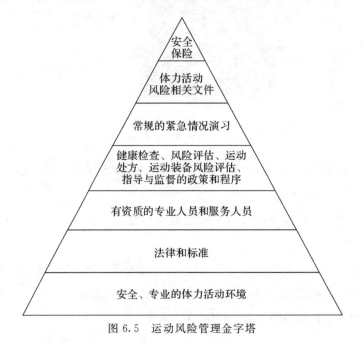

图 6.5　运动风险管理金字塔

第一道防线：安全的、专业的体力活动环境可有效减少青少年风险事故的发生，还可降低因环境风险因素引起的风险责任。

第二道防线：相关从业人员应熟知青少年健身领域已有的法律或条文，做到有法可依。如果法律条文不健全，需呼吁有关机构加快建立相关法律，为青少年体力活动提供制度保障。

第三道防线：教师、社会体育指导员等从业人员需要有相应的资质，熟悉青少年的生理特点和体力活动特点。

第四道防线：在现有的法律法规和实践标准的基础上，学校、社区等健身场所应依法做好青少年参加体力活动前的健康检查和风险评估，对有需求的青少年开具运动处方，并妥善处理各种健身设备的安置与维护。

第五道防线：从业人员需定期参加医疗急救培训，并取得相应的资质。在体力活动风险事故发生后，应具备紧急处理和上报的能力。

第六道防线：参加体力活动前有必要落实筛查问卷、知情同意书等的签订，排除可能出现的运动风险并予以告知，一方面可降低体力活动风险，另一方面有利于事故责任的界定。

第七道防线：学校、俱乐部等健身机构应为青少年体力活动购买保险，为预防运动风险建立经济防线。

第三节　我国青少年体力活动促进策略

我国长期重视发展青少年体育运动。2006 年 12 月 23 日，教育部、国家体育总局、共青团中央联合下发了《关于开展全国亿万学生阳光体育运动的决定》的通知，拉开了全国性"阳光体育运动"的序幕，这也是近年来我国青少年体力活动促进工作中最具代表性的工作。"阳光体育运动"旨在加强青少年体育锻炼、增强青少年体质，是体育与健康促进教育的完美结合，落实好"阳光体育运动"对推进青少年素质教育、保持民族旺盛生命力具有重要意义。此外，教育部、国家体育总局等部门每年都制定和发布了许多青少年体力活动促进政策。但是，调查显示 10 余年来我国以"阳光体育运动"为代表的青少年体力活动促进工作始终存在着学生主动性不强、缺乏科学的理论指导等问题,这些问题长期制约着我国青少年体质健康的发展。在 2018 年 9 月的全国教育大会上,习近平主席再次强调:要树立健康第一的教育理念,开齐开足体育课,帮助学生在体育锻炼中享受乐趣、增强体质、健全人格、锤炼意志。

从"健康第一"的学校体育教育理念可以看出,"阳光体育运动"实质上是国家层面上实施的以学生为主体的健康促进干预策略。要深入贯彻落实这一健康促进干预策略,就必须充分借鉴健康促进相关理论,包括个体水平行为改变理论(健康信念、阶段变化、自我效能)、人际关系的行为改变理论(社会认知)和社区水平的健康促进理论(组织改变、创新扩散)等。生态学理论强调个体、人际、机构、社区和政策层面的综合干预,从"阳光体育运动"工作可以折射出,我国青少年体力活动促进工作的政策干预比较突出,但学校对政策的落实以及家庭、社区层面的配合明显落后。因此,我国的青少年体力活动促进工作还需要从以下几方面进一步加强。

一、加强学校体育教育改革,促进青少年体力活动发展

(一)改善学校体育师资环境

1. 抓好关键人物和关键部门

在中央和地方各级政策都齐全的情况下,青少年体力活动促进工作开展的质量和效果的好坏,关键是措施是否得力,落实是否到位。例如,"阳光体育运动"落实的关键人物是校长,关键部门是体育组。学校作为中央和上级政策的执行部门,制度执行得怎样,时间落实得怎样,器材保证得怎样,监督机制是否到位,责任在校长。因此,校长能否坚决执行青少年体力活动促进政策是改善学校体育环境的重要保证。而在具体的执行过程中,体育组的工作责任心和积极性则关系到实施的质量和效果。

2. 对教师进行专业培训

尽管中小学普遍建立了体育教师相关责任制度,但许多单位并未对教师开展针对性的培训。同时,非体育教师指导体育活动课也非常重要,需对其进行一定体育技能和组织方面的培训,充分调动他们参与青少年体力活动促进工作的积极性。

（二）开展形式多样的校园体育活动

1. 推进课内外体育活动改革

深化课外体育活动改革，需要不断推进体育教学改革，丰富教学内容，改良教学方法，加强教学效果。同时，课外体育活动、课间操等需要在形式和内容上进行改革，提高活动质量。

第一，要丰富课外体育活动。调查学生在体育活动方面的兴趣爱好，以学生的兴趣爱好为主，增加一些体育活动，学生在放松精神之后才能更加有效的学习。

第二，充分利用大课间，根据学生的喜好，增加一些有趣的、新颖的体育活动，不再单一地只做广播体操，提高学生对大课间活动的热爱程度。还可根据学生特点，挖掘学生特长，开展不同类型的体育游戏。

第三，丰富体育课内容。加强健康教育，开展健康讲座。还可以由老师组织，带学生们举行一些小型比赛，比如：跳绳、跑步、篮球等，可通过班级之间的比赛提高学生的锻炼积极性，激发锻炼热情，增强团队精神，提高班级凝聚力。

第四，在中小学还要经常性地开展广播操、眼保健操、大课间活动的争先创优活动，促进各项活动的质量提高。将体育评价作为贯穿学生学习生活的重要内容之一，纳入班级荣誉和集体评优，健全体力活动促进工作的监督机制。

2. 丰富校园体育活动

学校要开展多种形式的体育节、体育月和比赛周等活动，做到内容丰富、多样，全员参与。根据学校特色，增加羽毛球、健美操、网球、接力、长绳等体育专项活动，组织各种形式的活动，例如班际、校际运动会、学校—家长"亲子运动会"、健康校园与"阳光体育"大联赛、学校体育夏令营等。小学可开展"快乐活动日"，进行体育比赛或班级锻炼。

在课外体育活动方面，可以加强校本课程的开发和新兴体育项目的开发。学校要举办好体育节、运动会、兴趣小组比赛、健身协会等活动，让学生乐起来、健起来、活起来、亮起来。为了让更多的学生增强体育锻炼，提高兴趣，老师可以组织学生们分成小组，并制订计划，让大家一起为了目标努力。中国儿童青少年体育健身指数评估报告（2017）数据中，青少年身体活动水平得分严重偏低，表明学校体育需要从学校"有体育活动"向"有效体育活动"的工作思路转变,既要有充足的体育活动时间,又要提升活动时间里中高强度活动时间的比例。①

体育老师可以将体育教育延续到放学后的时间,根据学生的兴趣爱好布置体育家庭作业。例如,可以给男生布置打篮球、踢足球等活动强度较大的运动;给女生布置跑步、跳绳等简单的有氧运动。还可以请家长参与配合,假期的时候还可以请家长带孩子爬山,要求学生带两张爬山过程的照片或者和同学们分享爬山过程的感受。体育老师也要定期地对学生进行考核,以起到监督的作用。其实,让学生更好地进行体育锻炼的方法是让体育活动走进家庭,走进社区,让身边的人一起重视健康,重视体育。只有大环境改变了,才能从根本上改变青少年体质健康问题。

3. 开展校园精品赛事

根据中国儿童青少年体育健身指数评估报告(2017),当前我国青少年的体育健身参与仍然处于一种强制性的被动状态。这种状态下的体质健康水平成果是很脆弱的。变被动为主动,是包括学校体育在内的青少年体育工作努力的方向。组织各种形式的校内比赛,并且让更多的学生参与这种比赛,是吸引广大的学生参与校园体育文化并且彻底改变校园文化环境,从而增强学生体质的重大举措。学校要合理设置比赛项目,举办校园体育精品赛事,让这些赛事成为传统,成为品牌。通过这些赛事,可以选拔优秀学生开展校际交流,扩大体育在校园内的影响力。体育精品赛事的设置既要考虑学生的兴趣爱好,又要考虑学校场馆实际,以及"健康第一"的学校体育目标,力争通过赛事的引导,营造人人参与、人人运动的校园体育文化氛围。

(三)建立学生自己的体育组织

学生课外体育活动兴趣小组可为学生提供体育参与机会,学校可设置多种多样的课外体育活动项目,为学生提供体育活动空间。在大课间,要让学生能根据自己的兴趣爱好,自由选择锻炼项目,如跆拳道、空手道、轮滑、武术、篮球、排球、舞蹈、足球、乒乓球、羽毛球、垒球等项目的活动小组,并通过小组活

---

① 姜泓冰.中国儿童青少年体育健身指数评估报告发布[EB/OL].(2018-08-14)http://sports.people.com.cn/n1/2018/0814/c14820-30226403.html.

动使每个学生都建立至少一项体育特长或体育兴趣,为终身体育锻炼奠定坚实的基础。

在课外体育活动中采用俱乐部制,这样能够根据学生体质的不同,选择不同的体育项目和一起锻炼的伙伴等,这种做法可以减小青少年对体育活动的厌恶感,有利于形成良好的校园体育锻炼的氛围。学校根据实际情况,设立多种形式和项目的体育俱乐部或社团,如从等级上可设立提高班、初级班等,从时间上可设立周末班、夜训班等,有条件的学校还可以通过"体教结合"的方式培养优秀的校代表队运动员,并用于推进体育俱乐部活动的开展。这种做法可以让学生既有项目选择自主性,同时又兼具一定的约束性。同时也可以通过引进或培训,或从社会或学生中聘请、动员有特长的人员,充分发挥骨干学生和体育特长学生的作用,以保证体育俱乐部正常和高效运行。

(四)落实体育核心素养培育

为推动教育部门深入贯彻落实立德树人的根本任务,2016 年"中国学生发展核心素养"正式发布。"中国学生发展核心素养"以培养"全面发展的人"为核心,分为文化基础、自主发展、社会参与三 个方面。学生发展核心素养指学生应具备的,能够适应终身发展和社会发展需要的必备品格和关键能力,是关于学生知识、技能、情感、态度、价值观等多方面要求的综合表现。[1] 随后,《普通高中体育与健康课程标准(2017 年版)》(以下简称高中体育新课标)将培育学生体育核心素养作为重要目标。体育核心素养指学生通过学科学习而逐步形成的正确价值观念、必备品格与关键能力,我国高中体育新课标将其界定为运动能力、健康行为和体育品德三个维度。[2] 中国教育科学研究院于素梅研究员将学生体育学科核心素养概括为体育情感、体育品格、运动能力、运动习惯、健康知识和健康行为共六个要素,并提出了"乐动会"体育课模式。总之,核心素养已成为我国落实"立德树人"的教育根本任务和深化教育全面改革的理念,青少年体育核心素养的培育将是今后数年内我国学校体育改革的重要依据。

美国、日本、新西兰、澳大利亚、芬兰等发达国家已经普遍将其落实到教育

---

① 林崇德. 中国学生发展核心素养:深入回答"立什么德、树什么人"[J]. 人民教育,2016(19).

② 季浏. 培养学科核心素养是体育与健康课程的出发点和落脚点——关于《课程标准(2017 年版)》学科核心素养与课程目标的解读[J]. 中国学校体育,2018(4).

政策之中。美国"21 世纪核心素养框架"将体育与健康列为学校核心学科,并提出了以核心技能为导向的体育学科核心素养培育策略。英国体育课程改革将体育作为全国统一的基础学科,并根据学段划分了四个体育学习关键期,分别实现不同程度的体育素养培育目标。2013 年西班牙在《教育质量促进法案》中把核心素养纳入国家课程标准,并规定了各学科课程的八大核心素养。加拿大在积极开展青少年体育素养测评的同时,各个省都追求以高质量的体育项目培育学生体育核心素养,包括"积极的生活、动作技能、安全公平和领导力"三个要素,学校、社区、家庭共同为学生体育核心素养的培育创造良好环境。澳大利亚将体育与健康学习划分为基础领域、体能领域和个性领域三大部分,并在课程标准中不仅明确了三大部分的划分标准和教育目标,还涉及协调发展学校和社区体育的政策措施,为学生体育核心素养的培育奠定了政策基础。在新西兰,《儿童与青少年身体活动指南》以国家课程标准规定的五种核心素养为顶层设计的逻辑起点,将身体活动作为课程的一种话语语境,规定体育活动的提供者不局限于学校的体育教师,还包括教职工、各级教育行政管理机构、学生家长、社团和社会公益组织等。[①] 在法国,中学阶段的体育与运动课程实施关注知识、技能和态度这三个维度。在知识维度上,要求学生了解并掌握体育运动的规则及术语概念;在能力维度上,要求学生能在具体情境中形成一种行为层面的能力;在态度维度上,要求学生形成价值观念、增强心智、提高自信心等。[②] 我国必须借鉴国际经验,以高中体育新课标施行为契机,加强学校体育教学改革,将体育核心素养的培育工作落到实处。

　　体育中考是我国的教育特色,也是落实体育核心素养培育的重要手段之一。中国儿童青少年体育健身指数评估报告(2017)显示,初中毕业升学体育考试对"初升高"阶段学生的体育健身参与和体质健康水平都有明显的作用,但这种作用效益的延续性较短。这说明,"考试思维"在促进青少年积极参与体育方面确有价值,但如何通过完善的制度设计,既淡化"考"的应试痕迹,又能发挥"考"的持续导向作用,是当前学校体育考核评价亟待进行专题研究的课题。

---

　　① 岑艺璇,张守伟. 国外核心素养框架下体育教育改革的探索[J]. 体育学刊,2018(1).

　　② 高强,季浏. 从身体技能到个人德性——法国中小学体育与运动课程大纲评述[J]. 成都体育学院学报,2015(1).

二、争取社会支持,促进青少年体力活动发展

(一)向全社会推行青少年体力活动促进计划

我国政府始终将青少年体力活动促进工作作为教育工作的重要内容。2007 年,《中共中央国务院关于加强青少年体育增强青少年体质的意见》(中发〔2007〕7 号)指出要"全面完善学校、社区、家庭相结合的青少年体育网络,培养青少年良好的体育锻炼习惯和健康的生活方式","积极开发适应青少年特点的锻炼项目和健身方法,为青少年体育锻炼提供科学指导"。2012 年由国务院办公厅转发教育部、发改委、财政部、国家体育总局等部门联合下发的《国务院办公厅转发教育部等部门关于进一步加强学校体育工作若干意见的通知》(国办发〔2012〕53 号)也指出:"将学校体育发展纳入本级政府年度工作报告,建立健全教育部门牵头、有关部门分工负责和社会参与的学校体育工作机制……体育部门要把学校体育作为全民健身计划的重点,在技术、人才、场地和体育组织建设等方面加大对学校体育工作的支持。"2018 年 1 月,国家体育总局、教育部等七部门联合印发《青少年体育活动促进计划》,提出了"青少年体育活动蓬勃开展、青少年身体素质不断提高、青少年体育组织发展壮大、青少年体育场地设施明显改善、青少年体育指导人员培训广泛开展和青少年科学健身研究和普及成效显著"的六大目标,以及"广泛开展青少年体育活动、加强青少年体育组织建设、统筹和完善青少年体育活动场地设施、强化青少年运动技能培训、推进青少年体育指导人员队伍建设、加强青少年科学健身研究与普及和加强对青少年的体育文化教育"的七项任务。习近平主席在 2018 年全国教育大会上强调:"办好教育事业,家庭、学校、政府、社会都有责任。"可见,全社会都需要动员起来,在国家政策引领下共同构建青少年公共体育服务体系。媒体尤其应该加强宣传,使家长、教师、企事业单位都深入了解青少年体力活动的意义,为青少年健康促进工作服务。

(二)大力开展社区体育

1. 加大开展社区青少年体力活动促进工作

目前我国社区体育主要面向成年人,对青少年体力活动的开展较少,这是急需加强的工作。一方面,需通过各类社区宣传途径,让居民懂得青少年体力活动不仅有利于增强其体质健康水平,还有利于培养健康的价值观和道德素养。另一方面,可以在社区组织青少年健康促进讲座,使家长懂得青少年体力活动的重要意义,懂得如何加强自己子女的体力活动。最后,社区还应该大力开展青少年体育文化活动,提高青少年的兴趣,充分发挥社区的功能。

2. 加强社区体育指导人员培养

社区体育的发展需要软硬件基础,其中体育指导员必不可少。然而,现阶段我国社区体育指导员的综合业务能力和专业化水平很大程度上制约了社区体育工作的开展,如何加强社区体育指导员管理以及培训都将成为未来工作的重点。体育局、体科所等部门应加快指导员的素质培养,协助他们深入了解青少年体力活动促进工作的要领,提高社区体育活动的有效性。

(三)构建学校、家庭和社区一体化的青少年体力活动促进工作模式

第一,为了青少年能有一个良好的运动环境,让青少年走出房间,走出家庭,走向社区,走向户外,走近健身,必须加快教育部门以及社会各界对体育资源的补充,加强对体育资源的利用。首先,需要家长与教育部门积极配合,发挥家庭教育的作用;其次,需要社区发挥其职能,营造良好的社区体育环境;最后,需要学校、家庭和社区通力合作,建立一体化的青少年体力活动促进工作模式。

第二,构建学校、家庭和社区一体化的模式,需要三方统一"健康第一"的指导思想,对体育一体化工作进行协调的资源调配与资源共享,以学校为中心,家庭为基础,社区为依托,建立三方协调发展的长效机制。

第三,学校需狠抓运动督导、健康教育、体育课堂、政策落实、管理组织、设施资金和人才队伍建设;家庭应重点抓好青少年体力活动的家长榜样、家长认识和家庭经济方面;社区需重视组织管理、场地资金和宣传教育等方面。[①]

---

① 郑兵,罗炯,张驰,等. 学校、家庭、社区一体化促进青少年阳光体育活动长效机制的模型构建[J]. 体育学刊,2015(2).

第七章 青少年体力活动促进实践案例

第一节 青少年体力活动测量评价研究实践案例

一、采用 ROC 曲线法建立大学生健康步行量参考标准的研究[①]

(一)研究背景

近几年的大学生体质健康测试结果显示,大学生体质状况不容乐观,大学生身体机能和身体素质均有下降的趋势,体力活动不足是影响大学生体质的重要因素。步行是最具代表性的中等强度体力活动,其健身功能已得到广泛的认可。随着智能手机、手环等便携式步行监测工具的普及,大学生步行量的监控变得更加便捷,可为大学生体力活动促进工作提供丰富的数据。

虽然"日行 1 万步"的成人步行量标准已得到了业界的广泛认同,但这一标准并不一定适用于所有人群。Tudor-Locke 等曾指出这一标准对老年人可能要求过高,但对儿童和青少年而言要求太低,并以 BMI=25 为临界点分析得出青年人预防超重的步行量标准为 12000 步/天。美国医学学会曾建议青年每天需进行至少 60 分钟中等强度运动,折算为步行量大约为 11000~13000 步。由于我国大学生的体力活动方式具有明显特点,既会经常往返于宿舍、教室等场所,又会长时间处于静坐状态,"日行 1 万步"的标准对我国大学生是否适用还有待商榷。鉴于多项研究证实了步行对身体形态和心肺机能的影响,

---

① 向剑锋,李之俊. 采用 ROC 曲线法建立大学生健康步行量参考标准研究[J]. 中国体育科技,2012(1).

我们假设可统计分析大学生体质健康水平与步行量的关系,建立适合我国大学生的步行量参考标准,为指导大学生日常健身、增强大学生体质提供理论依据。

接受者工作特征(Receiver Operator Characteristic,ROC)曲线法是一种确定诊断切点的方法,该方法已被广泛用于临床医学研究中,在部分体质与健康促进研究中也有较好的应用效果。ROC 曲线法可设定多个可能的切点,计算各切点的敏感度和特异性并绘制曲线,敏感度和特异性都较高时,切点的辨别能力最佳。敏感度也叫真阳性率,是指阳性受检者中被查出阳性者所占百分比;特异性叫真阴性率,是指阴性受检者中被查出阴性者所占百分比。变量的诊断价值主要依靠 AUC 来判断,AUC 在 0.5~0.69 时诊断价值较低,在 0.7~0.89 时诊断价值中等,达到 0.9 则诊断价值较高。Youden 指数是另一个筛选临界点的重要指标,Youden 指数越接近 1 说明切点的辨别能力越高。此外,在最佳切点的选取中还需根据不同的研究目的对敏感度/特异性进行设定。Rowe 等曾采用 ROC 曲线法分析 60 岁以上人群的步行量,并发现 10000 步/天可作为每天中高强度活动达 30 分钟的参考标准。

(二)研究对象与方法

随机抽取 302 名非体育专业在校大学生作为研究对象,其中男生 145 人,女生 157 人,受试者年龄 20.7±0.7 岁,自愿参加本项研究,研究期间身体健康。

采用 Omron HJ-113 型计步器监测受试者步行量,统一将计步器垂直放置在右腿前上方的裤袋中或采用弹性腰带和卡扣将其垂直固定在右髋裤袋高度。受试者需连续佩戴计步器 7 天,每日起床后即佩戴计步器直至晚上睡觉时取下,研究人员每日采用短信、电话等方式督促受试者按要求佩戴计步器。受试者每日睡觉前须按时间顺序详细记录当日各项体力活动的时间和佩戴计步器的时间段。除洗澡、游泳、午睡等不便佩戴计步器的活动外,若受试者某日在其他低强度活动(如坐着听课)中未佩戴计步器的时间超过 1 小时,或在其他中、高强度活动(如步行、打球等)中未佩戴计步器的时间超过 20 分钟,则该日的数据无效。每名受试者的无效数据不得超过 2 天,其中周末的无效数据不得超过 1 天,否则该受试者的所有数据均被视为无效。

在回收计步器的该周周末统一对受试者进行体质健康测试,测试项目包括体型(身高、体重)、肺活量、台阶试验、握力和立定跳远,测试仪器为北京华夏汇海科技有限公司生产的大学生体质健康测试仪,该仪器通过教育部国家体育总局国体认证中心(NSCC)体育用品质量认证,符合《国家学生体质健康标准》2007 版(以下简称《标准》)的器材要求。为保证测试结果的有效性,测试前对测试人员进行统一培训,各测试项目由专人负责测试。学生持各自的体质健康测试 IC 卡在对应仪器上进行测试,在测试肺活量、握力和立定跳远时,各项目测试 3 次,两次之间间隔 30 秒以上;在台阶试验中,受试者测试 2 次,两次之间至少间隔 30 分钟。仪器自动将各单项最好成绩确定为最终成绩,体质健康测试软件根据相应的评分标准自动计算出各项得分和总分,并划分为不及格、及格、良好和优秀四个等级。评分的等级划分方法如下:59 分及以下为不及格,60~74 分为及格,75~89 分为良好,90 分以上为优秀。当台阶指数不及格时,总分最高只有 59 分。

以性别、步行量、体质健康测试成绩等参数进行分组,采用独立样本 t 检验对比各组别之间的步行量和体质水平,采用 Pearson 相关法分析步行量与体质健康测试结果的相关性,显著性水平为 $p<0.05$。采用 ROC 曲线法建立大学生步行量参考标准。

(三)结果与分析

大学生步行量为 11528.9±3188.4 步/天,男女生步行量之间无显著性差异($p>0.05$)。参考 Tudor-Locke 等对步行量的分级可见,69.9% 的大学生的步行量达到 10000 步/天(见表 7.1)。大学生体质健康测试总分为 66.7±10.4 分,不及格学生占 25.2%(76 人),男生的体质健康测试成绩略低于女生($p=0.046$)。各单项测试中,握力的不及格率仅为 2%,体型、肺活量、台阶试验和立定跳远的不及格率分别为 11.9%、28.5%、10.9% 和 31.1%。

表 7.1　大学生步行量分布情况

总步行量(步/天)	<5000	5000~7499	7500~9999	10000~12499	⩾12500
人数(n)	6.0	23.0	62.0	108.0	103.0
百分比(%)	2.0	7.6	20.5	35.8	34.1

大学生步行量与 BMI、台阶指数、肺活量体重指数和体质健康测试总分之间存在低度相关性，与握力体重指数和立定跳远成绩无显著相关性（见表 7.2）。《标准》将大学生体型分为营养不良、较低体重、正常体重、超重和肥胖五个组别，按其他项目的测试成绩将受试者分为不及格、及格、良好和优秀四个组别。统计分析可知，肥胖组步行量明显低于其他组别（$p<0.01$，见表 7.3）；台阶指数、肺活量体重指数和体质健康测试总分中，不及格组的步行量明显低于其他组别（$p<0.01$）。

表 7.2   步行量与体质健康测试数据之间的相关性

性别	BMI	台阶指数	肺活量体重指数	握力体重指数	立定跳远	总分
男	−0.20*	0.35**	0.33**	0.14	0.13	0.42**
女	−0.16*	0.28**	0.20*	0.09	0.08	0.36**

注：* 表示 $p<0.05$，** 表示 $p<0.01$。

表 7.3   不同体型者的步行量   单位：步/天

营养不良	较低体重	体重正常	超重	肥胖
11547.2±1863.3	11992.7±3050.4	11781.6±2937.6	10720.1±2661.5	8352.8±1953.3

采用 ROC 曲线法分析大学生步行量与各项体质健康测试成绩的关系，根据《标准》对不同项目测试成绩的分级建立步行量切点（单位：步/天）。为保证所建切点的有效性，步行量切点需满足以下条件：（1）曲线下面积（AUC）大于0.7；（2）特异性大于敏感度，即切点对体质健康测试不及格者的识别准确率高于对及格者的识别准确率；（3）Youden 指数（敏感度＋特异性－1）达到最大值。ROC 曲线分析结果显示，可分别建立台阶指数及格、肺活量体重指数及格和体质健康测试总分及格所对应的步行量切点（见表 7.4）。采用 ROC 曲线法建立步行量切点的原理见图 7.1 至图 7.3。

表 7.4　ROC 曲线分析结果

状态变量	步行量切点(步/天)	敏感度	特异性	Youden 指数	AUC
台阶指数及格	11060	0.636	0.939	0.575	0.869
肺活量体重指数及格	11220	0.644	0.663	0.307	0.703
体质健康测试总分及格	10925	0.708	0.776	0.484	0.803

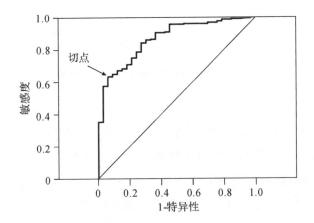

图 7.1　ROC 曲线法建立台阶指数及格的步行量切点

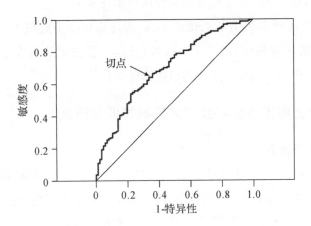

图 7.2　ROC 曲线法建立肺活量体重指数及格的步行量切点

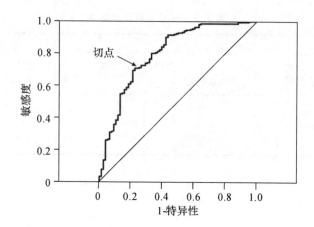

图 7.3　ROC 曲线法建立体质健康测试总分及格的步行量切点

(四)小结

通过应用 ROC 曲线法对大学生步行量与体质数据的分析可见,根据台阶指数、肺活量体重指数和体质健康测试总分所建切点的 AUC 分别为 0.869、0.703 和 0.803,提示切点具有中等诊断价值。由于三个步行量切点都接近 11000 步/天,为便于指导大学生日常健身,我们可将 11000 步/天作为大学生健康步行量参考标准。这一参考标准是通过分析步行量与多个体质参数的关系所建立的,对大学生日常健身具有较高的指导意义。但是,三个步行量切点的 AUC 均未达到 0.9,其诊断价值不高,因此该标准不宜用于评估大学生体质水平。在实际应用中,可将 11000 步/天作为静态生活型大学生的步行目标,以提高其体力活动量从而达到增强体质的目的。

二、对上海市青少年步行量的抽样调查研究[①]

(一)研究背景

大量的研究已经证实了步行对增进健康的积极作用,如降低部分疾病的患病概率,控制体重,改善心理状态,以及延年益寿等。因此,许多国家在施行健康促进的方针和策略时,都将步行作为一项重要的手段。

随着我国经济和社会的快速发展,城市化程度的不断提高,城市青少年体

---

① 李之俊. 上海市民步行现状的分析与思考[J]. 体育科研,2009(5).

力活动水平明显下降,超重肥胖检出率上升。在 2002 年的江苏省青少年的一项调查中,步行上下学学生比例为 22.9%,经济条件较好或父母文化程度较高的青少年步行上下学的比例较低;在 2007 年《深圳网报》的一项报道中,45.7%的深圳中小学生每天步行上学;2010 年对杭州某小学四、五年级学生"每天上学主要采用的交通工具"的调查显示,学生选择"步行"的比例为 39%。上海是我国最具代表性的大城市之一,但长期以来采用客观方法对上海市青少年体力活动的步行监测研究还较少。

为了深入了解上海市民的日常体力活动状况,上海市原体育科学研究所所长李之俊组建专家团队,在 2009 年首次对上海市民步行现状进行系统性调查。本次调查旨在制定促进市民步行健身的发展目标,改善市民步行环境,提高市民步行意识,乃至科学指导市民的步行健身提供科学依据。其中,对广大中小学生的步行量调查是其中的重要内容。

(二)对象与方法

采用分层整群抽样的方法抽取上海市两个中心城区(卢湾区、杨浦区)和一个郊区(闵行区)进行调查,每个区抽取一所中小学,共计小学、初中、高中各三所(见表 7.5)。

表 7.5　研究对象基本情况统计(均值±标准差)

性别	分类	样本量	年龄(岁)	身高(厘米)	体重(千克)	BMI
男	小学生	225	10.0±0.8	139.3±23.7	35.7±17.9	17.3±12.5
	初中生	141	14.0±0.5	164.0±39.5	54.3±27.8	17.3±18.1
	高中生	146	16.9±0.6	174.1±23.5	68.2±23.1	21.5±11.6
女	小学生	215	9.9±0.7	132.0±43.1	30.5±23.7	14.5±19.0
	初中生	151	14.0±0.5	158.2±30.3	48.0±22.4	17.6±14.8
	高中生	145	16.8±0.5	161.7±22.4	50.6±19.3	18.5±11.2

采用 OMRON 公司生产的 HJ-103 计步器和 HJ-720ITC 计步器对受试者的步数进行连续七天的测量。两款计步器的测量结果无统计学差异,其中 HJ-720ITC 计步器可记录每个小时的步行量数据。测试前由课题组的工作人

员教会受试者如何使用计步器和使用的注意事项,要求受试者每天早上起床带上计步器,晚上上床睡觉、游泳、淋浴时取下。同时要求受试者每天记录当天的体力活动日志,以了解一天的活动状况。测试结束时,工作人员记录(HJ-103型)或下载(HJ-720ITC型)计步器储存的七天步行量据。记录的计步器数据包括三项:总步数(步),有效步数(连续行走 10 分钟、每分钟 60 步以上的步数,单位:步),有效步行时间(分钟)。计算获得派生指标:有效步比=有效步数/总步数×100。

(三)结果与分析

小学、初中和高中男女生日均步行量(连续七天计步器数据平均值)各项指标统计结果见表 7.6。从日均总步数的年龄变化趋势看,初中男生步行量最高,约 9400 步,表明身体活动量较大,符合该年龄段孩子生性好动的特点。高中生步行量明显低于小学和初中生,尤其是高中男生数据明显下降,表明其日常体力活动量明显减少。无论是小学、初中还是高中,男生总步数、有效步数、有效步行时间等指标均显著高于同龄女生,差异具有显著性($p<0.01$);小学、初中男生有效步比指标高于女生,但高中阶段男、女生无明显差异,其原因是男生有效步比明显下降所致。

表 7.6 上海市中小学生日均步行量一览

指标	学段	男	女
总步数(步)	小学	9133.6±3138.60	7430.7±2085.84 **
	初中	9413.6±3014.96	7388.6±2220.67 **
	高中	8210.2±3276.16	6787.2±2115.05 **
有效步数(步)	小学	1500.7±1415.19	975.4±918.36 **
	初中	2539.4±1755.35	1608.0±1298.90 **
	高中	2001.3±1556.95	1551.5±1213.52 **
有效步行时间 (分钟)	小学	14.2±13.10	9.3±8.76 **
	初中	24.4±16.06	15.2±12.23 **
	高中	19.5±14.72	14.8±11.43 **

续表

指标	学段	男	女
有效步比(%)	小学	13.3%±10.44%	11.0%±9.91%*
	初中	23.5%±13.57%	18.5%±12.62%**
	高中	19.3%±12.45%	19.6%±13.60%

注:* 表示男生与女生步行量据 t 检验 $p<0.05$,** 表示 $p<0.01$。

根据 PCPFS 的推荐标准,6~17 岁学生的日平均步行量,男女生应分别达到 13000 步和 11000 步。本次调查显示,学生达到此标准的比例非常低,男女生分别为 11.1%和 5.3%(见表 7.7)。

中小学生双休日总步数少于上课日,除小学女生差异略小外(双休日平均较上课日减少 6.3%,$p>0.05$),其他分组人群双休日步行量较上课日减少均超过 2 千步,减少幅度为 25%~34.6%不等($p<0.01$),其中初中男生差异最大,双休日较上课日减少约 3500 步,减少幅度为 34.6%(见表 7.8)。

表 7.7　上海市中小学生日均总步数分布百分比

性别	组别	日均总步数分布百分比(%)					男生>13000 女生>11000
		<4000	4000~5999	6000~7999	8000~9999	≥1000	
男	小学	1.3	15.6	24.0	18.7	40.4	11.6
	初中	0.0	12.8	23.4	28.4	35.5	12.1
	高中	6.8	21.9	23.3	19.9	28.1	9.6
	合计	2.54	16.60	23.63	21.68	35.5	11.1
女	小学	2.3	23.7	40.5	24.2	9.3	5.1
	初中	0.0	30.5	38.4	19.2	11.9	7.3
	高中	7.6	31.0	31.0	24.1	6.2	3.4
	合计	3.1	27.8	37.2	22.7	9.2	5.3

表 7.8 **学生上课日与双休日日均总步数比较** （单位：步/天）

组别	性别	平日	周末	平日—周末	周末减少%
小学	男	9729.0	7296.1	2432.9	25.0%**
	女	7566.2	7091.2	475.0	6.3%
初中	男	10312.4	6739.2	3573.2	34.6%**
	女	7929.1	5904.4	2024.8	25.5%**
高中	男	8941.0	5991.4	2949.6	33.0%**
	女	7325.5	5277.3	2048.3	28.0%**

注：* 表示平日与双休日步行量据 t 检验 $p<0.05$，** 表示 $p<0.01$。

对 HJ-720ITC 计步器所监测的初中生和高中生步行量据进行分析可发现，中学生上学日步行量呈现明显的时间规律特征，即出现上学(7:00)、午餐时间(11:00)、课外活动时间(14:00)和放学回家(16:00—17:00)共四个明显的时间峰值，即该时间段的步行量较大(见图 7.4)。双休日中学生的步行量和

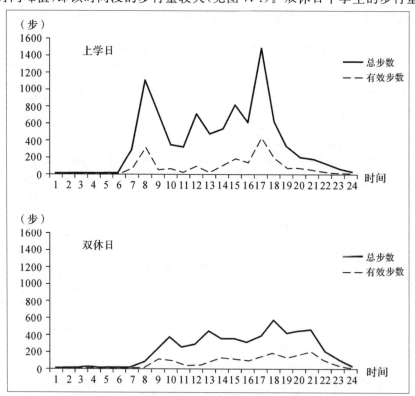

图 7.4 初中生日均总步数、有效步数的 24 小时分布

有效步数并未在特定的时间出现明显峰值,晨起步行时间普遍延后,且单位时间段中的步行量和有效步数明显减少(见图 7.5)。提示学生在双休日多有睡懒觉的习惯,很少刻意进行与步行有关的体力活动,且较少进行长途、长时间的行走。

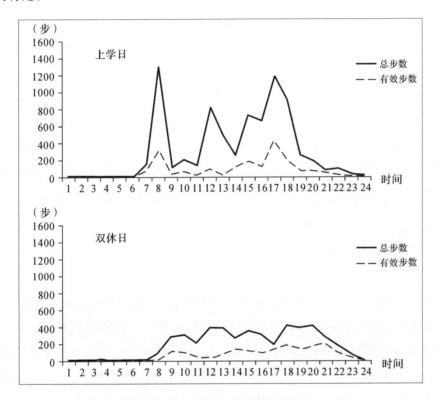

图 7.5　高中生日均总步数、有效步数的 24 小时分布

从上述步行量调查数据可以看出,上海市青少年步行水平较低,女生的步行水平低于男生,双休日步行量低于上学日,高中阶段步行量下降明显。因此,有必要深入了解青少年步行状况,分析其规律,制定针对性的体力活动促进措施,促进青少年健康生活行为习惯的养成。

三、应用加速度计和体力活动日记监测青年体力活动的方法学研究①

（一）研究背景

加强体力活动的监测与干预是增强体质、预防疾病的有效措施。加速度计是一种便携、准确的运动传感器，可测得人体活动时的加速度计数（Activity Counts，AC），从而间接推算体力活动能耗和低、中、高强度体力活动的时间。加速度计已被广泛应用于欧美发达国家的体力活动研究中，取得了良好的效果。在早期的研究中，美国 Actigraph 公司生产的单轴加速度计应用最广。近年来，Actigraph 公司研发了 GT3X、GT3X＋、Actitrainer 等多款三轴加速度计，可同步监测活动中的垂直轴 AC（AC_z）、冠状轴 AC（AC_x）和矢状轴 AC（AC_y），并转换为水平轴计数（Horizontal AC，AC_h）和综合的矢量计数（Vector Magnitude，VM）。AC_h 计算方法为：$AC_h=(AC_x^2+AC_y^2)^{1/2}$。VM 计算方法为：$VM=(AC_x^2+AC_y^2+AC_z^2)^{1/2}$。

如何准确、便捷地监测大样本人群的日常体力活动状况是长期以来亟待解决的问题。加速度计可通过记录身体活动时的振动客观地反映体力活动状况，其准确性高且便于携带，具有很大的应用前景。已有多项研究证实 AC 与体力活动能耗（PAEE）有高度相关性。CSA 是最常用的单轴加速度计，在绝大部分以 CSA 为工具的体力活动监测中，学者们采用最经典的 Freedson 方程来推算能耗，这一方程在欧美国家大样本体力活动监测中取得了良好效果，国内也有部分学者采用 Freedson 方程进行体力活动调查研究。然而，刘爱玲对 CSA 的效度研究显示日均总 AC_z 与 DLW 法监测的我国成年人日均总能耗（TEE）、PAEE 的相关系数较低，提示 Freedson 方程在我国成人体力活动测量中的效度还有待验证。

三轴加速度计可综合感应到身体在垂直方位和水平方位的加速度，可比 CSA 更准确地预测体力活动能耗。2011 年 Sasaki 等以 VM 为自变量为

---

① 向剑锋，李之俊. 加速度计和体力活动日记监测日常体力活动的效度研究[J]. 中国体育科技，2015(6).

GT3X 建立了推算体力活动的绝对能耗(千卡/分钟)和相对能耗(METs)的预测方程,可将其分别简称 S-kCal 方程和 S-METs 方程。随后,该加速度计的配套软件 Actilife 将 S-kCal 方程与 Williams 所建的以 AC_z 为自变量的能耗方程(简称 W-kCal 方程)组成了一个联合方程(简称 Actilife 联合方程)供研究人员选用,见表 7.9。

Sasaki 等还根据 S-METs 方程推算出 3METs、6 METs 和 9 METs 所对应的以 VM 临界点(简称临界点 S),分别为 2690CPM(Counts Per Minute)、6167CPM 和 9642CPM。上述方程和临界点在我国青年日常体力活动监测中的效度尚未得到验证。

表 7.9　以 VM 为自变量的 Actigraph 加速度计能耗预测方程

方程名称	计算方法	应用条件
S-kCal 方程	千卡/分钟 $=0.001064 \times VM + 0.087512 \times BM - 5.500229$	
Actilife 联合方程	千卡/分钟 $=0.001064 \times VM + 0.087512 \times BM - 5.500229$	VM>2453
	千卡/分钟 $=0.0000191 \times AC_z \times BM$	VM≤2453
S-METs 方程	METs $=0.000863 \times VM + 0.668876$	

注:BM=体重(Body Mass,单位为 kg)。

Freedson 和 Sasaki 建立加速度计能耗预测方程式的研究对象都是国外受试者,其建模方法仅仅局限于跑台运动,这提示国内研究在使用 Actigraph 三轴加速度计之前,有必要对其效度进行全面验证,或针对特定人群建立新方程和临界点。因此,本研究在借鉴国内外多个同类研究的基础上,以 Actigraph 三轴加速度计为仪器,以我国青年为实验对象,采用多种日常体力活动的实验方案及 ROC 曲线等方法,验证现有方程和临界点的有效性,并建立适用于我国青年的以 VM 为自变量的能耗预测方程和临界点。

(二)研究对象与方法

以 80 名在校非体育专业大学生为研究对象,将其随机划分为实验组(男女各 30 人)和验证组(男女各 10 人),2 组受试者的人体测量特征无显著性差异($p>0.05$)。受试者身体健康,自愿参加本研究,并于实验前签署知情同意书。受试者实验前一天无高强度体力活动,所有测试均在餐后 1 小时后进行,所有受试者均顺利完成了本次测试。

使用 GT3X 和 Cosmed K4b^2 气体代谢能耗分析仪(简称 K4b^2)等便携式仪器同步监测实验组受试者的体力活动。GT3X 的校对、设置及数据处理等工作在配套的 Actilife 6.0 软件中进行。体力活动监测前统一将 GT3X 采样时间设为 5 秒。实验中,测试人员看准电脑时间中某 1 分钟第 1 秒按压 K4b^2 主机上的"Enter"键开始正式测试,以确保每分钟内 GT3X 和 K4b^2 所获得的监测数据都保持同步。数据处理时,首先在仪器的配套软件中将 K4b^2 和 GT3X 测得的原始数据都转换为以"1 分钟"为采样时间的数据,再将两仪器每分钟数据一一对应进行分析。

测试中两组受试者都需依次完成 7 项体力活动,其中非走/跑类活动包括静坐、看书(坐姿)、整理书桌(站姿)和扫地,走/跑类活动包括场地上慢走(4km/h)、快走(6km/h)和慢跑(8km/h)。非走/跑类活动都在综合训练馆的办公室内进行。静坐时,受试者采用舒适的坐姿,心情平静,身体放松。看书时,受试者在书桌旁以平日的状态进行阅读,看书时可适当写字,也可有自然的姿势变化动作。整理书桌时,受试者以站姿将 3~5 张书桌上杂乱的书籍杂物等东西清理整齐,在调整身体位置时可随意走动。扫地时,工作人员事先在约 50m^2 地面上撒上碎纸屑等杂物,受试者模拟平日扫地的状态进行清扫。走/跑测试中,在体育馆跑道上每 5 米放置一个标记物,测试时播放相应的节拍,受试者以自然步态匀速前进,节拍每响一次受试者走(或跑)完 5 米,速度稍慢或稍快时根据节拍和标记物调整速度。

静坐时间为 10 分钟,取其中第 3~9 分钟的数据录入数据库。其余每项体力活动各进行 6 分钟,取其中第 4~6 分钟的数据进行分析。在中高强度体力活动之间可休息 1~5 分钟,以 HR 恢复到接近静坐 HR 为宜(二者差值小于 10 次/分钟)。

验证组受试者还需进行连续约 4 小时的体力活动,以检验加速度计在长时间日常体力活动监测中的效度。首先,验证组受试者需填写 1 周体力活动调查问卷,研究人员根据问卷调查结果计算每人 1 周内各项体力活动(睡觉除外)时间所占比例,依照该比例将每位受试者 1 周中最主要的 12~15 种体力活动组成近 4 小时的综合体力活动。随后,验证组受试者同步佩戴 K4b^2、Polar 表和 GT3X 连续进行约 4 小时体力活动。由于 K4b^2 的电池续航时间仅为 2 小时,研究人员每 2 小时中断 1~2 分钟为仪器更换电池,更换电池期间的数据不纳入数据库。在实际研究过程中,受试者连续体力活动的总时间为235.45±2.76 分钟(230~240 分钟)。在测试当晚 22:00,受试者以 Bouchard体力活动日记的形式记录体力活动测试的内容。

以 3METs 和 6METs 为切点将体力活动划分为低强度体力活动(LPA)、中等强度体力活动(MPA)和高强度体力活动(VPA),并将≥3METs 的体力活动统称为中高强度体力活动(MVPA)。以 Keytel 所建心率能耗预测方程和"1 千焦=0.239 千卡"的换算关系推算 PAEE$_{4h}$,该方程为:EE(千焦/分钟)=性别×(−55.0969+0.6309×HR+0.1988×体重+0.2017×年龄)+(1−性别)×(−20.4022+0.4472×HR−0.1263×体重+0.074×年龄),其性别代码"1"为男性,"0"为女性。根据 ACSM 所推荐的"千卡/分钟=MET×3.5×体重/200"换算公式推算出每分钟的 MET 值,进而计算各强度体力活动时间。

以间接测热法(IC)实时监测受试者的体力活动能耗并作为参考标准,通过 7 种不同日常体力活动的数据建立新的方程,以 ROC 曲线法建立 3METs、6METs 所对应的 VM 临界点。通过 4 小时的总能耗(PAEE$_{4h}$,单位:kCal)、MVPA 时间(单位:分钟)等指标验证已有加速度计方程和临界点以及新方程和临界点的效度,并验证体力活动日记和心率计能耗预测方程的准确性。

(三)结果与分析

实验组 7 项体力活动的绝对能耗和相对能耗可分别用 EE(单位:千卡/分钟)和 METs 表示,结果显示男生在各项体力活动中的 EE 均高于女生,这主要是因为男生平均体重高于女生。静坐到快走阶段的 METs 值无显著的性别差异,但慢跑时男生的 METs 值明显高于女生($p=0.041$),见表 7.10。

表 7.10 实验组 7 项体力活动的能量消耗

活动项目	EE(千卡/分钟)		METs	
	男	女	男	女
静坐	1.43±0.27	1.12±0.17**	1.30±0.22	1.16±0.18
看书	1.56±0.29	1.21±0.18**	1.42±0.19	1.26±0.21
收拾书桌	2.23±0.47	1.72±0.32**	2.00±0.39	1.81±0.35

续表

活动项目	EE(千卡/分钟)		METs	
	男	女	男	女
扫地	3.38±0.89	2.56±0.52**	3.05±0.70	2.70±0.60
慢走	3.61±0.62	2.98±0.52**	3.21±0.31	3.09±0.45
快走	5.36±0.86	4.43±0.85**	4.75±0.46	4.50±0.61
慢跑	9.23±1.29	7.69±1.24**	8.28±0.97	7.49±0.85*

注：* 表示性别差异具有显著性（$p<0.05$），** 表示性别差异具有高度显著性（$p<$ 0.01）。

如图 7.6 所示，随着体力活动强度的增加，AC 逐渐增加。在静坐到扫地阶段，AC_z 明显低于 AC_h，在快走到中速跑阶段 AC_z 高于 AC_h，提示较低强度活动中身体以水平方向的位移为主，中高强度活动时身体主要以垂直方向的位移为主。

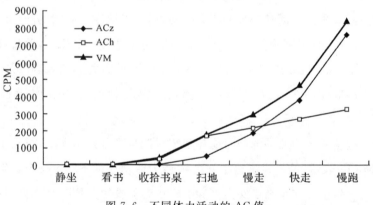

图 7.6　不同体力活动的 AC 值

为分析多种体力活动中 AC 与能耗的相关性，将静坐、看书、收拾书桌和扫地归纳为"ADL"，将慢走、快走和慢跑归纳为"走/跑"。对每一个体的数据进行分析可发现，实验组受试者的 AC 与其个体 METs 值相关性都很高（见表 7.11），在 ADL 中 VM 与个体 METs 值相关性最高。可见，以 VM 为自变量建立个体能耗预测方程可较精确地预测体力活动能耗。

表 7.11 不同类别体力活动时 AC 与 METs 的个体相关性

活动方式	AC$_z$	AC$_h$	VM
ADL	0.92±0.06	0.95±0.04	0.96±0.04
走/跑	0.99±0.02	0.65±0.24	0.99±0.03
ADL＋走/跑	0.97±0.02	0.84±0.15	0.98±0.01

将实验组数据进行整体分析后可见,在走/跑类活动中 AC$_z$、VM 与 METs 的相关性无明显差别,但 ADL 中 VM 较 AC$_z$ 与 METs 的相关性更佳(见表7.12)。

表 7.12 AC 与体力活动能耗的整体相关性

能耗单位	活动方式	ACz	ACh	VM
千卡/分钟	走/跑	0.86	0.35	0.86
	非走/跑	0.72	0.76	0.76
	走/跑＋非走/跑	0.92	0.71	0.93
METs	走/跑	0.93	0.45	0.92
	非走/跑	0.80	0.86	0.86
	走/跑＋非走/跑	0.95	0.80	0.96

注:"非走/跑"包括静坐、看书、整理书桌和扫地;"走/跑"包括慢走、快走和慢跑;表中所有相关系数均有统计学意义($p < 0.01$)。

在实验组 7 项体力活动的综合数据中 VM 与能耗呈高度正相关关系($p < 0.01$),VM 与 METs 的拟合程度最佳,其判别系数 R^2 达 0.92(见图 7.7)。

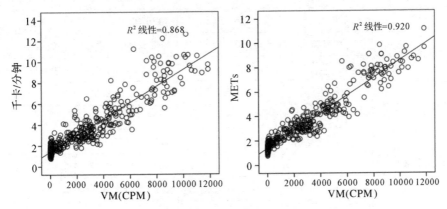

图 7.7 体力活动能耗与加速度计数的散点分布

采用逐步回归法建立体力活动绝对能耗和相对能耗的预测方程,见表7.13。其中,方程1包括VM和BM两个自变量,方程2以VM为独立自变量。方程1与方程2的判别系数 R^2 都高于0.9,且SEE较低,提示两个方程的拟合程度都较高。

表 7.13　本研究所建能耗预测方程一览

简称	方程	R	R^2	校正 R^2	SEE
方程 1	千卡/分钟＝0.000784×VM＋0.054×BM−1.947	0.95	0.91	0.91	0.75
方程 2	METs＝0.000721×VM＋1.399	0.96	0.92	0.92	0.64

注:BM＝体重(Body Mass,单位为 kg)。

对验证组4小时体力活动的数据分析显示,S-kCal方程、Actilife联合方程和S-METs方程的 $PAEE_{4h}$ 预测值明显低于IC法测试值($p < 0.01$),方程1、方程2的 $PAEE_{4h}$ 预测值与IC法测试值无显著性差异($p > 0.05$);各方程的 $PAEE_{4h}$ 预测值与IC法测试值均呈现中度相关性($p < 0.01$),方程1、方程2的 $PAEE_{4h}$ 预测值与IC法测试值的相关系数大于现有方程(见表7.14)。验证组4小时体力活动的数据分析还表明,心率计和体力活动日记的 $PAEE_{4h}$ 预测值与IC法实测值的差异都具有统计学意义($p < 0.01$)。其中,心率计的能耗预测方程误差最大($p < 0.05$)。

表 7.14　本研究中 IC 法和各方程所监测的 $PAEE_{4h}$ 一览

单位	能耗测算方法	范围	均值±标准误	相关系数
千卡	IC 法	359.16~598.77	436.92±48.09	—
	S-kCal 方程	−172.51~408.19	116.65±84.97**	0.47**
	Actilife 联合方程	123.43~358.14	204.71±67.5**	0.41**
	方程 1	307.04~552.61	415.38±62.97	0.50**
METs	IC 法	423.85~500.28	446.83±28.56	—
	S-METs 方程	212.10~385.83	311.06±39.92**	0.55**
	方程 2	372.24~498.92	424.41±42.43	0.58**
	Keytel 心率方程	530.29~993.26	688.96±123.34	0.39
	体力活动日记	345.50~602.86	487.70±96.03	0.59**

注:** 表示方程的预测值与IC法实测值的配对 t 检验结果具有高度显著意义($p < 0.01$)。

　　Bland-Altman 散点图表明,方程 1、方程 2 对 $PAEE_{4h}$ 的能耗预测误差均在 95% 置信区间之内,其中方程 2 的预测误差更为集中(见图 7.8)。可见,加速度计 VM 方程 2 是监测日常体力活动总能耗的最好方法。

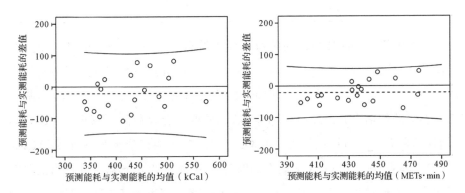

图 7.8　本研究方程 1、方程 2 预测 $PAEE_{4h}$ 的 Bland-Altman 散点分布

　　采用 ROC 曲线法以实验组数据新建了不同体力活动强度的 VM 临界点(简称为临界点 R)。如表 7.15 所示,此组临界点的 AUC 都高于 0.9,且敏感度和特异性都较高。两根 ROC 曲线都很接近图的左上角位置,提示该组临界点具有高度诊断价值(见图 7.9)。根据方程 2 还可直接推算出 3METs 和 6METs 对应的 VM 临界点,简称为临界点 E(Thresholdsderived from equation2),其数值分别为 2221 计数/分钟和 6381 计数/分钟。

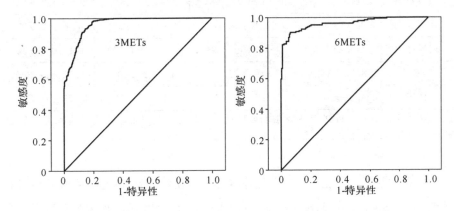

图 7.9　建立 VM 临界点的 ROC 曲线

表 7.15　本研究以 ROC 曲线法建立的 VM 临界点

强度	临界点 CPM	AUC	敏感度	特异性
3METs	2505	0.96	0.882	0.882
6METs	5924	0.95	0.903	0.903

对验证组 4 小时体力活动的数据分析显示,心率计和体力活动日记会明显高估 MVPA 时间,心率计的高估程度最大。临界点 S 和临界点 E 测量所得的 LPA、MPA、VPA 和 MVPA 时间与 IC 法测量结果具有显著性差异,临界点 S 会显著低估 MPA 和 MVPA 时间,临界点 E 会显著高估 MPA 和 MVPA 时间(见表 7.16)。临界点 R 的测量结果与 IC 法测试值无显著性差异($p >$ 0.05)。刘爱玲等曾预先记录骑车的时间,再对加速度传感器所推算出的总能耗和体力活动时间进行校正。如果以该方法将验证组受试者骑车时间增加到临界点 S 所测得的 MPA 和 MVPA 时间中,相应的数据会增加 1.35 分钟,校正后 MVPA 时间为 22.00±2.98 分钟,与 IC 法实测值差异的显著性降低 ($p=0.04$)。

表 7.16　本研究中 IC 法和其他方法所测得的体力活动时间

测量方法	LPA 时间	MPA 时间	VPA 时间	MVPA 时间
IC 法	211.70±5.69	20.85±3.86	2.90±1.25	23.75±3.57
临界点 S	214.80±4.10*	18.60±2.58*	2.05±1.05**	20.65±2.98**
临界点 E	208.35±4.18**	25.15±2.51**	1.95±0.83**	27.10±2.94**
临界点 R	210.75±3.96	22.15±2.24	2.55±1.15	24.70±2.82
心率计	153.35±18.14**	70.95±21.77**	11.20±5.40**	82.15±27.28**
日记	203.22±16.75**	34.5±13.51**	2.25±5.36**	36.75±16.76**

注:* 表示预测值与 IC 法测试值的差异具有显著性($p < 0.05$);** 表示预测值与 IC 法测试值的差异具有高度显著性($p < 0.01$)。

(四)小结

本研究显示 Actigraph 三轴加速度传感器所测 VM 是监测体力活动的有效变量,但 S-kCal 方程、S-METs 方程、Actilife 联合方程以及切点 S 都不适合我国青年日常体力活动监测,体力活动日记对体力活动能耗和时间的监测也存在一定误差。本研究在多种日常体力活动基础上建立的能耗预测方程和采用 ROC 曲线法建立的临界点具有较高的效度,适用于我国青年日常体力活动监测(见表 7.13、表 7.15)。

第二节　欧美国家青少年体力活动 促进工作案例与启示

一、加拿大依托《报告》开展的青少年体力活动促进工作

为了应对越来越严重的青少年体力活动缺乏问题,1994 年部分致力于青少年健康促进工作的加拿大人士建立了名为"健康活跃儿童基金会"(Foundation for Active Healthy Kids,FAHK)的非营利性组织,开展青少年体力活动促进的调研与宣传工作。该机构在随后的十年开展了大量青少年体力活动调研与宣传工作,发现加拿大青少年体力活动的科研与实践之间存在明显脱节,虽然科研成果丰富,社会各界对青少年体力活动不足的关注度也日益增加,但家长、学校、政府以及各级社会组织都只知晓一些片段性的信息。对于体力活动如何增强青少年健康水平,如何应对青少年体力活动不足等问题,长期缺少权威的、系统的信息和策略,因此科研与实践的有效衔接成为体力活动促进的关键环节。

在 2004 年 12 月份的加拿大"全国体力活动学术会议"中,"如何通过知识转化工具来有效促进青少年体力活动科研与实践的衔接"成为会议的重要议题。会议中来自加拿大和美国的众多专家确定由 FAHK 主要负责建立《报告》平台,并确定了《报告》的指标体系。同年,FAHK 更名为"Active Healthy Kids Canada"(简称 AHKC),其工作目的为:通过为政策制定者和公众提供专业的指导,动员全国力量共同促进青少年加强体力活动。年度《报告》的制作与宣传成为 AHKC 的工作重点,其工作模型(见图 7.10)。2005 年,AHKC 发布首份《报告》。在随后十年中,《报告》逐渐成为最核心的加拿大青少年体力活动促进的有效载体。

加拿大《报告》的主要内容包括:(1)对加拿大青少年体力活动现状进行评估;(2)对青少年体力活动影响因素(家庭、学校、社区、政府及非政府组织等)

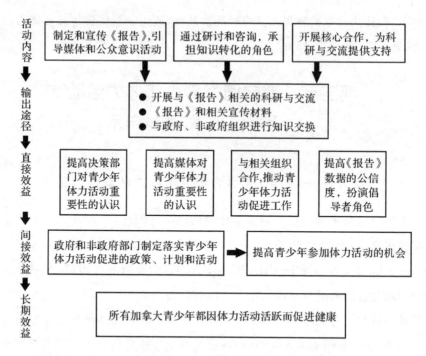

图 7.10　《报告》运作模型

进行评估；(3)根据评估结果进行分析并提出建议。《报告》有短卷和长卷两种版本,含英语和法语两种语言,有印刷品和 PDF 电子版两种形式。为配合《报告》的发行与宣传,每年《报告》都会推出一个"封面故事",以重点关注青少年体力活动工作的最新动向或研究成果。例如,2010 年《报告》以"低龄阶段的体力活动"为封面故事向读者着重宣传了幼儿时期养成良好体力活动习惯的重要性。此外,每年 AHKC 网站上都会制作一些新的知识转化工具,以协助受众去理解和应用《报告》,这些工具包括文摘、幻灯片、说明书、视频、图表以及媒体的相关报道等。

专家组为《报告》建立了一套指标体系,除对各指标进行评价外,《报告》长卷对每个指标都从主要发现、建议、研究空白、文献综述、促成/阻碍因素以及国际对比这六个方面去分析。"主要发现"描述了当年该指标的重要数据,"建议"主要为相关部门或公众提供策略支持,"研究空白"主要为科研人员指明未来研究方向,"文献综述"主要以科普性的语言对近期科研成果进行总结。

近年来加拿大《报告》的内容不断完善,其内容变革主要包括以下方面:

(1)增加了针对各指标的"建议";(2)为每个指标制定了清晰的评价标准;(3)完善了指标体系示意图;(4)增加了少量地区性分析内容;(5)增加了体力活动促进"工具包"。

《报告》的受众主要包括以下三个层次:(1)政府及与青少年体力活动密切相关的非政府部门;(2)大众媒体;(3)家长和青少年等公众。AHKC 清晰地将《报告》的直接影响目标定位于体力活动促进的政策制定部门,包括专职的体力活动促进部门、体育部门、教育部门和健康促进部门,以及社区规划、城市发展、环保、市政、交通等间接影响青少年体力活动的部门,此外还包括慈善组织、基金会、宣传组织、学术机构、服务部门等非政府部门。媒体也是提高《报告》影响力的关键环节之一,每年媒体都会迅速对年度《报告》的发布做出反应,并进行广泛而深入的报道。公众是《报告》最终端的受众,他们除了受《报告》内容的直接影响外,更多的是受前两个层面的间接影响。

AHKC 每年定期发布《报告》,政策干预的对象主要是政府部门、体育部门、教育部门和卫生部门等青少年身体活动的相关政策制定部门。《报告》印刷板或电子版首先被集中发布到这些关键部门,以推动它们完善青少年身体活动政策措施。在政策干预下,加拿大在机构层面也实施了针对性的学校体育策略,对学校的体育教育及校外体育活动加强了引导和监管。同时,政策干预还对城市规划、环保、市政、交通等与青少年身体活动密切相关的机构和部门以及慈善组织、基金会、宣传组织、学术机构等非政府部门产生了直接或间接的影响。在社区层面,加拿大加强了社区体育指导工作,开展专门的社区体育项目来满足青少年社区身体活动促进工作的需要。

舆论干预也是《报告》发挥作用的关键环节之一。每年加拿大媒体都会迅速对年度《报告》的发布做出反应,并通过广泛而深入的报道将《报告》内容以简明易懂的方式传达给公众,对公众开展广泛的舆论干预,以加强公众对《报告》的理解和对青少年身体活动重要性的认知。每年《报告》主办方的网站上都会制作一些新的身体活动宣传工具,以协助受众去理解和应用《报告》,这些工具包括文摘、幻灯片、说明书、视频、图表以及媒体的相关报道等。为了达到理想的干预效果,Particip ACTION 每年都会为《报告》设立一个主题来突出当年的最新动向,并与各类媒体广泛合作,制定专业的宣传策略,设定核心信息和宣传材料,这一举措发挥了积极的引导作用。例如,2011 年《报告》主题为"青少年课外体力活动促进",《报告》发行后加拿大的八个省(或地区)开始着手重点开展课外体力活动促进工作,其中七个省(或地区)发布了正式的课外体力活动促进政策。《报告》官方网站还通过文摘、幻灯片、体力活动指南、视频、图表及新闻报道等宣传工具,协助受众去理解和应用《报告》。

通过十余年围绕《报告》开展的干预工作,加拿大成为 2016 年联合《报告》中指标评级进步最大的国家。《报告》有力促进了相关政策的制定与执行,并在学校体育、部门合作、科学研究等方面起到了积极效果。从第一份加拿大《报告》发布至今,加拿大的干预工作不仅使"政策与经费投入"的评级由以往的 C 提升至 B-,其他环境维度的指标评级也有所上升。在人际层面,2012 年以前"家庭"相关指标的评级低于 C-,2016 年提升至 C+,提示加拿大家庭对青少年身体活动的重视程度有所提高。在机构层面,2005 和 2006 年"学校"指标评级较低,2007 年之后该指标评级逐渐提升至 B。在社区层面,"社区及周边建筑环境"相关指标从 2005 年的 C 逐步提升到 2016 年的 A-,是近年来进步最大的指标。生态学环境的改善对遏制青少年体力活动水平的下降起到一定作用,从 2013 年起加拿大青少年"体力活动总体水平"止住了下滑势头,其评级从 F 提升至 D-。

《报告》还取得了巨大的国际影响力。根据 Google Scholar 搜索,《报告》在 2005—2013 年被国内外文献引用次数超过 130 次。根据 AHKC 官方统计,2014 年 15 国《报告》发布后,AHKC 网站在 1 个月内得到了来自 92 个国家和地区共 21371 人次点击量,对来自 32 个国家共 752 个读者(或组织)的调查显示,认为 2014 年全球《报告》非常有意义、有趣、可信和及时的比例分别占 94%、95%、98%和 95%。

二、美国青少年"积极生活研究"计划

环境和政策策略对体力活动的影响成为近年来青少年体力活动促进工作的新热点。美国 RWJF(Robert Wood Johnson Foundation)基金会资助的"积极生活研究"(Active Living Research,简称 ALR)计划是该领域较早的国家专项资助计划。该计划主要资助和分享全美环境和政策在促进儿童及其家庭成

员日常体力活动方面的研究,从 2001 年至今已为超过 230 个研究项目提供了经费支持,包括十 轮"征求建议书"、三轮"快速反馈"研究、三轮"积极生活研究——RWJF 新连接计划"、追加项目"肥胖和建成环境"(2005)、"健康饮食研究"(2007)等。这些项目以美国的肥胖高发人群——有色人种和低收入家庭的儿童为主要对象,围绕有关环境和政策策略在促进儿童及其家庭成员日常体力活动中的作用展开,研究涉及公共健康、城市规划、交通运输等多学科领域。ALR 的研究范围包括居民的居住环境、学习、工作和娱乐的条件及相关政策,ALR 研究项目分析这些因素对积极生活的利弊影响,为决策者从多水平、多领域促进体力活动提供最有效的策略,这些研究成果将为后续的儿童肥胖和体力活动不足研究提供可靠依据。

从 2001 年到 2013 年"积极生活研究"计划资助的研究主要集中在政策和环境的改变,促进体力活动的证据收集方面。包括 2001 年到 2010 年进行了10 轮"征求建议书"(见表 7.17),从环境和体力活动的基本数据测量、相关政策的研究,到后期对环境和政策在增加体力活动和减少久坐习惯的干预评估及建成环境和体力活动与肥胖的综合分析等方面都做了大量的工作。2008 年到 2011 年进行了三轮"快速反馈"研究,主要目标是对现实生活中重要的政策和环境发生变化而产生的自然实验进行评估。研究项目集中在能量平衡和体力活动(包括久坐习惯),健康饮食中的一两个方面。与此同时进行了三轮"积极生活研究——RWJF 新连接计划"(Active Living Research——RWJF New Connections),新连接计划邀请年轻的研究者和高级顾问对弱势群体和被忽视的社区以多元化的视角来进行具体问题探讨。其间还有一些特别要求,追加了部分资助项目,如 2005 年的"肥胖和建成环境"(OBE)项目让受助者测试更多的实体环境,以便做横向比较研究和多样性研究。2007 年发布的两轮"健康饮食研究"(HER),第一轮资助了六项儿童肥胖相关研究,资金帮助他们增加措施和分析学校促进体力活动的健康政策的设计。第二轮资助了五项研究用以评估幼儿园和托儿所的食品监督和环境是如何努力阻止儿童肥胖的。HER 给他们提供资助,帮助他们增加措施和分析体力活动与学龄前儿童的环境,以及托儿所的设置。①

表 7.17　"积极生活研究"的 10 轮"征求建议书"研究重点(2001—2010)

时间	研究重点
2001.05	建成环境和体力活动的测量研究
2002.11	环境或体力活动相关政策及其调整产生的影响
2003.11	在人种基础上研究环境或体力活动相关政策;社区环境或政策的改变对体力活动的影响
2004.02	调查重大政策调整的目的和内容
2005.03	积极生活相关政策的研究
2006.02	特殊环境对体力活动的影响研究
2007.03	儿童及其父母对社区和娱乐环境的认知;学校政策干预的评估
2008.03	增加体力活动/减少久坐行为:政策或环境的干预评估;建成环境/社会、文化因素对青少年体力活动的影响;经济因素/环境和政策对青少年体力活动的影响;政策和环境改变策略的宏观分析
2009.02	增加体力活动/减少久坐行为:政策评价和环境干预评估;经济决定因素/环境和政策对年轻人体力活动的影响;政策和环境改变策略的宏观分析;建成环境和体力活动与肥胖的案例分析;体力活动测量的发展和评价
2010.02	增加体力活动/减少久坐行为:政策评价和环境干预评估;经济决定因素/环境和政策对年轻人体力活动的影响;政策和环境改变策略的宏观分析;建成环境和体力活动与肥胖的综合分析;体力活动测量的发展和评价;欠发达社区的体力活动调查

ALR 计划的实践者包括城市规划师、公共健康专家、企业家、教师、校长及学区董事会等人群。同时,ALR 计划的网站资源和博客给实践者们分享了大量全美环境和政策在青少年体力活动促进方面的研究,这些研究成果以青少年体力活动促进行动为导向,通过倡导者、实践者、政策制定者及其他相关人员的共同努力,期望可以有效阻止儿童肥胖的流行并促进体力活动。

三、其他国家的青少年体力活动促进工作

斯洛文尼亚是 2016 年联合《报告》中青少年体力活动评级最高的国家,这

---

① 吴薇,何晓龙,陈佩杰. 美国"积极生活研究"计划解读及启示[J]. 体育学刊,2014(6).

一成绩主要得益于高水平、有组织的学校体力活动干预。斯洛文尼亚政府规定每年 4 月全国 6～19 岁儿童青少年都要进行体质测试,每个学校必须开设规定时间的体育课,开展免费的课外体育活动,小学还可增设体育课。一至五年级每年必须保证 105 小时的体育课时间,四至六年级学生可以额外选修 35 小时的体育课程。七、八年级每年必须保证 70 小时的体育课,九年级为 62 小时,七至九年级还可以选修额外的 35 小时的体育和舞蹈课程。除此之外,每年小学都有 5 个“体育日”,每天 5 小时。再加上其他一些体力活动促进措施,一个 10 岁儿童日均可在学校获得 39～77 分钟的体育活动时间。鉴于 2010 年前该国学生体质 20 多年持续下降,该国在 2010 和 2011 年对全国青少年开展了“健康生活方式”的干预,每周给学生增加 2 小时的自主体育活动时间,并将健康生活方式教育列入学校体力活动促进工作的常规内容。这一措施起到了积极的效果,2011 年后 6～14 岁青少年体质稳步提升。

新西兰在 2016 年联合《报告》中的青少年体力活动评级也较高(B—)。新西兰从 20 世纪末开始逐步推行 KiwiSport 计划,其做法是将成人运动项目改良为适于青少年开展的项目,以增强青少年体力活动项目的实效性。2009 年新西兰政府进一步加大了对 KiwiSport 计划的支持力度,由体育与休闲委员会和教育部联合共同出资,在 4 年内直接投入 4500 万美元开展学校体力活动促进工作。新西兰体育与休闲委员会还制定了《社区体育战略 2010—2015》,通过 KiwiSport 区域合作伙伴基金,资助社区为青少年提供更好的体力活动服务,将社区体力活动促进工作与 KiwiSport 计划融合在一起,取得了较好的效果。

四、步行上下学干预

随着汽车等交通工具的普及,青少年步行上下学的比例越来越低,这一现象在发达国家尤为明显。以美国为例,1969 年至 2001 年青少年以步行和骑车方式上下学的比例从 40.9% 降到了 12.9%。美国疾病预防与控制中心(CDC)2002 年发布的另一项调查显示,在 5～18 岁的美国学生中,仅 19% 的学生每周步行上下学天数超过一天。2006 年,CDC 再次发布的一项调查显示,美国 5～14 岁青少年步行上下学比例仅为 14.2%。美国西部地区的状况更糟,在西弗吉尼亚州仅 7.6% 的青少年步行上学,在北卡罗来纳州同样只有 7.5% 的青少年每周步行上学天数超过 1 天。

美国青少年不仅步行上下学比例较低,时间也较短。2003 年 Cooper 等学者研究发现,在步行上下学的美国青少年中,有 42% 的步行时间不足 5 分钟,有 82% 不足 15 分钟。在西弗吉尼亚州,步行上下学的青少年每次步行上学的平均时间仅为 7.6 分钟。

美国青少年步行上下学比率下降引起了有关部门的高度重视,为此,"美国 2010 年全民健康计划"专门制定了青少年步行上下学的目标:将住所离学校 1.6 千米(1 英里)范围内的学生的步行上下学率提高到 50%。

在大西洋彼岸的爱尔兰,青少年步行上下学的状况要好得多。2003—2005 年,32.2% 的 15~17 岁爱尔兰青少年采用步行上下学,平均步行距离约为 0.88 英里(约 1.4 千米);住所与学校距离在 1 英里以内的学生中,约有四分之三采用步行上下学。

从上述数据我们可以看出,青少年步行上下学比例下降是一个全球性的问题,这使得青少年身体活动量受到了巨大冲击。是否步行上下学似乎只是一个行为选择的问题,却对青少年健康和整个社会都具有深远的影响。

20 世纪后期,许多发达国家就开始研究青少年步行量降低的不良影响,并着手对这一现象进行干预。1994 年,英国率先开始将每年 10 月定为步行上学月。1997 年,美国芝加哥市率先推广"步行校车",其他城市逐渐加入"步行校车"活动的队列,美国健康和福利部也大力提倡居住在学校附近 1 英里内的学生步行上下学。美国"步行校车"是指成年人陪伴儿童步行上下学。"步行校车"有两种组织形式:家长—家长组织方式、学校—社会组织—家长的合作方式。"步行校车"需要首先确定参与者,然后评估可行性并策划组织方案,最后评估成效。"步行校车"不仅提高了学生体力活动水平,还在一定程度上缓解了上下学时段的交通拥堵现象。

到了 2000 年,随着加拿大、美国等国家的响应,每年 10 月的某一天被确定为"国际步行上学日"(International Walk to School Day)。例如,2013 年"国际步行上学日"为 10 月 9 日,2014 年则为 10 月 8 日。截至 2019 年,已有 40 多个国家和地区在 10 月开展步行上下学活动。从 2007 年开始,在我国湖南、海南、广东等地逐渐开始开展了倡导步行上下学的活动,取得了良好的社会效果。[①]

倡导步行上下学,不仅可以了解当前青少年的身体活动状况,还可以引导它们养成良好的生活方式,增强青少年体质健康。近20年我国的学生体质健康测试显示,我国青少年的身体机能和身体素质持续下降,肥胖和近视的发病率持续上升,这与城市化、现代化背景下青少年的生活方式有密切关系。随着城市化和现代化的进程,越来越多的青少年选择以乘车作为主要的交通方式,直接导致青少年身体锻炼量不足,进而导致身体机能和身体素质降低。

倡导步行上下学不仅可以锻炼身体,还可以培养学生的自信和能力,发展独立的个性和人格,对青少年心理疾病的预防具有重大意义。从20世纪80年代实施独生子女政策以来,我国大部分在校学生都是独生子女,家人的过度关注反而阻碍了青少年个性和人格的发展,许多青少年心理承受能力低,心理健康状况差。此外,倡导步行上下学不仅可以减少碳排放,还有助于引导广大青少年及其家人建立环保的理念和行为习惯,对促进我国环保事业的发展具有深远意义。

五、欧美国家青少年体力活动促进工作对我国的启示

(一)以生态学理论为基础,广泛开展青少年体力活动研究与实践

加拿大、美国等发达国家已充分认识到体力活动的重要性,并在体力活动的科学监测、策略制定、行为干预等方面开展了大量研究与实践,建立了较完备的青少年体力活动研究与干预机制。从加拿大依托《报告》开展的青少年体力活动测评可以看出,《报告》在生态学理论基础上构建了较全面的指标体系,并依托专业机构长期进行评价与分析,教育部门和卫生部门为《报告》提供了权威的数据。同样,美国 ALR 计划也资助了大量青少年体力活动促进的社会生态学研究。

相比之下,我国对青少年体力活动的监测体系还不够完善,生态学理论尚未得到良好的应用,对青少年体力活动的研究与干预都长期集中在体育锻炼

---

① 　郑广盛,卢国明. 小学生步行上下学对体质健康的影响[J]. 当代体育科技,2015(28).

方面,除了对"体育与健康"领域的研究较多外,对日常体力活动的研究热点还主要集中在方法学研究等方面,对青少年体力活动的监测尚不够全面,在步行上下学、视频时间、中高强度体力活动时间等方面的监测数据较少,尚未全面建立对交通、娱乐、家庭体力活动、静态行为等日常体力活动的监测与干预机制,对人际层面(如家人、同伴)、社区层面(如建成环境)及舆论环境等影响因素的调研相对缺乏,仅上海、香港等地开始进行较全面的青少年体力活动调研工作,而2005年首份加拿大《报告》已建立了较完善的指标体系。可见,我国急需提高对体力活动重要性的认识,大力开展青少年体力活动研究与实践。国内学界需拓宽研究思路,加强对青少年体力活动的研究,完善体力活动促进的理论体系,为建立青少年体力活动监测与干预的长效机制提供理论支持。

(二)建立专业的知识转化平台,促进研究与实践的有效衔接

随着体力活动研究的深入,在体力活动与青少年健康的量效关系、青少年体力活动现状及其影响因素等领域已积累了大量国内外科研成果。我国教育部、卫生部等单位也长期开展青少年体质和健康行为的监测,结果显示我国青少年超重肥胖检出率持续增加,糖尿病、血脂异常等呈现年轻化的趋势,这与我国青少年体力活动减少、静态行为增加有密切关系,因此一些国内学者提出了构建体力活动促进型环境的理念。

但是,上述成果与我国的青少年体力活动干预工作尚未良好衔接。虽然2018年《中国儿童青少年身体活动指南》正式发布,但公众对青少年体力活动现状、重要性及干预策略的了解非常有限,而美国、加拿大等国家已通过《指南》和《报告》等有效解决了这一问题。因此,我国有必要借鉴国外先进经验,在我国青少年体力活动与体质健康大数据的基础上,建立专业的知识转化平台,通过科研、教育、卫生等部门的通力合作,定期开展青少年体力活动及其影响因素的调研、评价与分析,并向策略制定部门、策略执行部门及公众开展有效的宣传,普及体力活动促进的知识与理念,及时反映当前的科研热点和现实需求,提升我国青少年体力活动科研的针对性和实效性。上海市青少年体育健身指数是一个良好的开端,接下来我国需要在更多省市打造类似的平台,促进研究与实践的有效衔接。

（三）广泛动员社会力量，健全青少年体力活动干预机制

近年来我国逐步建立健全了学生体质健康监测体系，并通过《学校体育工作条例》《中共中央国务院关于加强青少年体育增强青少年体质的意见》等文件的颁布与实施，对学生体质健康和体育锻炼行为起到了积极的干预作用。根据《教育部关于 2010 年全国学生体质与健康调研结果公告》，我国中小学生身体素质下滑趋势开始得到遏制，大学生身体素质的下降幅度明显趋缓。但是我们还需看到，我国的青少年体质健康行为干预主要集中在"政策制定"和"学校执行"两个方面，家庭、社区和社会团体在青少年体力活动促进体系中往往扮演旁观者的角色，无法体现出应有的作用。一旦学校的政策执行力度不足，学生的体力活动就会受到巨大影响。

国外的体力活动干预已从单一层面逐渐过渡到多个层面相结合的干预模式。例如，美国《国民体力活动指南》专门针对家庭、学校和社区制定了体力活动促进措施，加拿大《报告》在重点实施政策和舆论干预的基础上对人际、机构和社区等多个层面进行了直接或间接干预，充分动员了家庭、社区、非政府组织等社会力量，全方位提升了青少年体力活动的生态环境。可见，我们需要在现有的政策和学校干预途径基础之上，健全青少年体力活动干预机制，广泛动员社会力量开展青少体力活动促进工作。我们尤其需要对社区、社会机构等薄弱环节开展针对性的动员，从多个层面营造更适宜青少年参加体力活动的生态环境。

（四）充分利用《报告》平台，加强国际交流与合作

目前，我国青少年体力活动科研的国际化进程已取得了长足的进展，2012年上海体育学院创办了 *Journal of Sport and Health Science* 英文期刊，2013年美国 *Research Quarterly for Exercise & Sport* 以专刊发表了 10 余篇监测中国青少年体力活动的科研论文。但是，从国际化视野开展我国青少年体力活动促进工作的研究还有很大的发展空间，除上海、香港等部分发达城市外，其他省市开展的青少年体力活动国际交流合作相对较少。同时，我国青少年体力活动促进工作的理论模型、策略制定、科学普及和社会动员等环节的国际化步伐都还比较滞后。

从 2014 年和 2016 年两份全球联合《报告》的发布可以看出，国际同行既

通过该平台既检验了本国的工作效果,又开展了广泛的交流与合作,对推动本国的青少年体力活动促进工作起到了积极作用。在 2014 年全球联合《报告》的影响下,中国加入了"健康活跃青少年全球联盟",上海和香港在 2016 年发布了首份《报告》,对我国青少年体力活动促进工作的推进起到了至关重要的作用。近年来,我国以"阳光体育运动"和"学生体质健康测试"为代表的学校干预体系取得了一定成效,这对其他国家的青少年体力活动促进工作同样具有重要借鉴价值。因此,在今后的工作中,我们还需利用好《报告》的国际化平台,开展更广泛的国际交流与合作,宣传经验,审视不足,取长补短,为更系统、更科学地开展我国青少年体力活动促进工作提供依据,为有效遏制全球青少年体力活动下降,全面提升青少年体质健康水平做出更大贡献。

参考文献

[1] 阿拉木图宣言[R].阿拉木图:国际初级卫生保健会议,1978.

[2] 阿斯亚阿西木,刘艳,何志凡.成都市中小学生日常生活身体活动情况[J].中国学校卫生,2013(6).

[3] 曹可强.青少年体力活动方案与评价[M].上海:学林出版社,2016.

[4] 陈培友,孙庆祝.青少年体力活动促进的社会生态学模式构建——基于江苏省中小学生的调查[J].上海体育学院学报,2014(9).

[5] 陈佩杰,翁锡全,林文弢.体力活动促进型的建成环境研究:多学科、跨部门的共同行动[J].体育与科学,2014(1).

[6] 陈思同,刘阳,唐炎,等.对我国体育素养概念的理解——基于对 Physical Literacy 的解读[J].体育科学,2017(6).

[7] 陈思同,刘阳.加拿大体育素养测评研究及启示[J].体育科学,2016(3).

[8] 陈亚军,王香生.双标水技术在能量代谢评定中的应用[J].中国运动医学杂志,2005(1).

[9] 程洪玲,刘泽林.高等院校参与社区体育文化建设研究[J].北京体育大学学报,2012(5).

[10] 程艺,李雪,庄洁,等.成都市城区青少年日常体力活动的行为模式及体能状况调查[J].成都体育学院学报,2014(4).

[11] 储文杰,王志勇,周海茸,等.儿童青少年体力活动量表的信度和效度分析[J].中华疾病控制杂志,2014(11).

[12] 丹豫晋,刘映海,苏连勇.自闭症幼儿体育干预之行动研究[J].北京体育大学学报,2007(11).

[13] 段艳平.成年人身体活动变化过程的理论建构及其测量工具的研究[J].

体育科学,2011(7).

[14] 儿童代谢综合征中国工作组. 中国六城市学龄儿童代谢综合征流行现状研究[J]. 中华儿科杂志,2013(6).

[15] 冯雅男,何秋鸿,孙葆丽. 困境与视角:对我国基础教育体育课程改革的思考[J]. 北京体育大学学报,2017(8).

[16] 傅华,李枫. 现代健康促进理论与实践[M]. 上海:复旦大学出版社,2003.

[17] 郭海军,袁帆,栾德春,等. 我国 4 城市中小学生身体活动及睡眠状况调查[J]. 中国健康教育,2016(2).

[18] 郭建军,杨桦. 中国青少年体育发展报告(2015)[M]. 北京:社会科学文献出版社,2015.

[19] 国家体育总局. 2014 年国民体质监测公报[EB/OL]. http://www. sport. gov. cn/n16/n1077/n1227/7328132. html.

[20] 国家体育总局. 全民健身指南[R]. 北京,2017.

[21] 国家体育总局. 运动健身的能量消耗[M]. 北京:人民体育出版社,2013.

[22] 韩会君,陈建华. 生态系统理论视域下青少年体育参与的影响因素分析[J]. 广州体育学院学报,2010(6).

[23] 何晓龙,史文越,盛张群. 智能手环/手机应用程序在不同步行速度或路面中的计步有效性研究[J]. 中国体育科技,2016(6).

[24] 何晓龙,庄洁,朱政,等. 影响儿童青少年中高强度体力活动的建成环境因素——基于 GIS 客观测量的研究[J]. 体育与科学,2017(1).

[25] 何晓龙. 影响儿童青少年中到大强度体力活动的建成环境因素研究[D]. 上海:上海体育学院,2015.

[26] 黄玉山,邓树勋,曾芃,等. 中学生健身运动处方的应用研究[J]. 体育学刊,2003(6).

[27] 季成叶,陈天娇. 中国儿童青少年 1995—2010 年皮褶厚度和体脂率变化情况[J]. 中国学校卫生,2013(7).

[28] 季浏. 培养学科核心素养是体育与健康课程的出发点和落脚点——关于《课程标准(2017 年版)》学科核心素养与课程目标的解读[J]. 中国学校

体育,2018(4).

[29] 贾小芳,王惠君,王丹彤,等. 中国 12 省市儿童青少年身体活动和静坐行为分析[J]. 卫生研究,2016(3).

[30] 江小小. 中国城市儿童青少年闲暇静态行为研究[D]. 上海:复旦大学,2014.

[31] 李海燕,陈佩杰,庄洁. 上海市青少年体力活动现状与体质健康相关性研究[J]. 上海预防医学,2011(4).

[32] 李海燕,陈佩杰,庄洁. 运动传感器(SWA)在测量青少年日常体力活动水平中的应用[J]. 上海体育学院学报,2010(3).

[33] 李海燕. 上海市青少年日常体力活动测量方法的研究与应用[D]. 上海:上海体育学院,2010.

[34] 李红娟,李新,王艳,等. 北京市某初中 1—2 年级学生在校身体活动水平定量评估[J]. 卫生研究,2013(4).

[35] 李红娟,王正珍,罗曦娟. 美国青少年体质测定系统的演进[J]. 北京体育大学学报,2013(10).

[36] 李红娟. 美国青少年体质研究趋势——体质测定到体力活动促进[J]. 北京体育大学学报,2015(8).

[37] 李红娟. 体力活动与健康促进[M]. 北京:北京体育大学出版社,2012.

[38] 李建桥,吴瑞,刘琴,等. 影响中国青少年亚健康相关因素的系统评价[J]. 中国循证医学杂志,2013(3).

[39] 李鲁. 社区预防医学[M]. 北京:人民卫生出版社,2008.

[40] 李培红,王梅. 中国儿童青少年身体活动现状及相关影响因素[J]. 中国学校卫生,2016(6).

[41] 李文川. 身体活动干预的时间成本——效果分析研究评述[J]. 天津体育学院学报,2014(2).

[42] 李新,王艳,李晓彤,等. 青少年体力活动问卷(PAQ-A)中文版的修订及信效度研究[J]. 北京体育大学学报,2015(5).

[43] 李之俊. 上海市民步行现状的分析与思考[J]. 体育科研,2009(5).

[44] 林崇德. 中国学生发展核心素养:深入回答"立什么德、树什么人"[J]. 人

民教育,2016(19).

[45] 林镇超,王燕. 生命史理论:进化视角下的生命发展观[J]. 心理科学进展,2015(4).

[46] 刘海元. 学校体育教程[M].北京:北京体育大学出版社,2017.

[47] 陆召军.健康教育与健康促进[M].南京:东南大学出版社,2004.

[48] 吕东旭,张明伟,李建国.建设健康城市的体育健康促进目标体系研究[J]. 中国体育科技,2007(1).

[49] 孟娣娟.青少年骨质疏松初级预防健康教育的效果研究[D].北京:中国协和医科大学,2008.

[50] 乔玉成,王卫军. 全球人口体力活动不足的概况及特征[J].体育科学,2015(8).

[51] 乔玉成. 错位:当代人类慢性病发病率飙升的病理生理学基础——基于人类进化过程中饮食—体力活动—基因的交互作用[J]. 体育科学,2017(1).

[52] 乔玉成. 进化·退化:人类体质的演变及其成因分析——体质人类学视角[J]. 体育科学,2011(6).

[53] 全国教材委员会.体育测量与评价[M].北京:人民体育出版社,1995.

[54] 全明辉,陈佩杰,庄洁,等. 上海市儿童青少年步行活动水平——基于加速度传感器的调查研究[J]. 体育科学,2014(5).

[55] 任海.身体素养:一个统领当代体育改革与发展的理念[J].体育科学,2018(3).

[56]上海市儿童青少年体育健身发布[EB/OL]. 东方网,http://sh.eastday.com/m/20151128/ u1a9117657. html.

[57] 司琦.阶段变化模型在身体活动领域应用研究的综述:1998 年至 2012 年[J].体育科学,2013(5).

[58] 司琦.身体活动的行为科学理论综述[J].体育科学,2007(9).

[59] 苏传令. 社会生态学模型与青少年体力活动关系的研究综述[J].浙江体育科学,2012(3).

[60] 孙双明,叶茂盛. 美、俄、日和欧盟学生体质健康测试概述[J]. 北京体育

大学学报,2017(3).

[61] 唐立慧,郇昌店,唐立成.我国体育健康促进研究述评[J].天津体育学院学报,2010(5).

[62] 田野.体育活动、体质与健康:全民健身与健康促进10年回顾[J].生理科学进展,2014(4).

[63] 王步标,黄超文.体适能与健康[M].长沙:湖南科学技术出版社,2003.

[64] 王超,贺刚,李建忠,等.残疾青少年体力活动水平及其与运动自我效能的关系:基于加速度计的初步研究[J].首都体育学院学报,2016(4).

[65] 王超.中国儿童青少年日常体力活动推荐量研究[D].上海:上海体育学院,2013.

[66] 王建,何玉秀.健康体适能[M].北京:高等教育出版社,2010.

[67] 王健,曹烃.融合共享:运动弱势学生体育教育改革的时代诉求[J].体育科学,2014(3).

[68] 王军利,张冰,贾丽雅,等.Actigraph(GT3X)加速度计测量我国19～29岁人群身体活动能耗的效度研究[J].体育科学,2012(12).

[69] 王楠,吴旭龙,丁子尧,等.学龄儿童青少年闲暇视屏时间与超重肥胖的相关性[J].中国学校卫生,2016(11).

[70] 王佩云,张一兵.矮身材儿童身高助长运动处方的探索[J].西安体育学院学报,2003(4).

[71] 王正珍,王娟,周誉.生理学进展:体力活动不足生理学[J].北京体育大学学报,2012(8).

[72] 王宗平,张怡.动商——人类全面发展的重要支脚[J].体育学刊,2014(4).

[73] 温煦.体育锻炼对青少年认知能力和学业表现的影响:研究的历史、现状与未来[J].体育科学,2015(3).

[74] 翁锡全,张莹,林文弢.城市化进程中居民体力活动变化及其对健康的影响[J].体育与科学,2014(1).

[75] 吴薇,陈佩杰,何晓龙.美国《国民体力活动计划》及其2014年儿童青少年体力活动工作报告解析与启示[J].中国运动医学杂志,2015(4).

［76］吴薇,何晓龙,陈佩杰.美国"积极生活研究"计划解读及启示[J].体育学刊,2014(6).

［77］向剑锋,李之俊.采用ROC曲线法建立大学生健康步行量参考标准研究[J].中国体育科技,2012(1).

［78］向剑锋,李之俊.加速度计和体力活动日记监测日常体力活动的效度研究[J].中国体育科技,2015(6).

［79］向剑锋,李之俊,刘欣.步行与健康研究进展[J].中国运动医学杂志,2009(5).

［80］肖林鹏.我国青少年体质健康服务体系构建的理论分析[J].天津体育学院学报,2009(4).

［81］谢红光.体质健康信念对大学生体育锻炼行为意向及行为习惯的影响[D].北京:北京体育大学,2012.

［82］熊明生,周宗奎.锻炼行为理论的评价与展望[J].武汉体育学院学报,2009,(4).

［83］许汪宇.体力活动与青少年健康[J].体育科研,2011(1).

［84］薛红妹,段若男,刘言,等.成都市儿童青少年静态生活方式现状及其与体质指数和体脂百分比关系[J].卫生研究,2015(1).

［85］赵雅萍,孙晋海.加拿大青少年体育素养测评体系"生命护照"研究及启示[J].成都体育学院学报,2018(4).

［86］严金慧,刘英杰.儿童青少年肥胖与体力活动[J].体育科学研究,2016(5).

［87］杨桦.深化"阳光体育运动",促进青少年体质健康[J].北京体育大学学报,2011(1).

［88］杨剑,郭正茂,季浏.锻炼行为理论模型发展述评[J].沈阳体育学院学报,2016(1).

［89］杨剑,邱茜,季浏.锻炼行为生态学模型及其在体育领域的应用[J].武汉体育学院学报,2014(10).

［90］杨敬.实现"中国梦"的重要支撑[N].光明日报,2013-07-28(6).

［91］杨静宜,徐峻华.运动处方[M].北京:高等教育出版社,2005.

[92] 中国营养学会. 中国居民膳食指南及平衡膳食宝塔[J]. 营养学报,1998
　　 (4).

[93] 袁尽州,黄海. 体育测量与评价[M].北京:人民体育出版社,2011.

[94] 张春燕,马冠生.体力活动和钙摄入对青春期骨骼发育的影响[J].中国学
　　 校卫生,2004(6).

[95] 张红兵,李海燕,崔成均,等. 动商测试量表、动商公式和评价标准构建
　　 ——以 5～6 岁儿童动商测评体系研究为例[J].武汉体育学院学报,2016
　　 (2).

[96] 张加林,唐炎,胡月英,等. 基于人类发展指数的儿童青少年身体活动国
　　 际比较[J]. 体育科学,2016(1).

[97] 张建国. ROC 曲线分析的基本原理以及在体质与健康促进研究中的应
　　 用[J]. 体育科学,2008(6).

[98] 张强峰,孙洪涛. 我国学生体质健康测试制度的演变[J]. 体育学刊,2016
　　 (2).

[99] 张晓飞.我国社区体育组织管理服务体系的研究[J].西安体育学院学报,
　　 2007(1).

[100] 张亚军,陈佩杰,王茹.肥胖青少年基础代谢率实测值与公式推测值的
　　 一致性研究[J].中国运动医学杂志,2012(4).

[101] 赵雅萍,孙晋海. 加拿大青少年体育素养测评体系 PLAY 解读及启示
　　 [J]. 首都体育学院学报,2018(2).

[102] 郑兵,罗炯,张驰,等. 学校、家庭、社区一体化促进青少年阳光体育活动
　　 长效机制的模型构建[J]. 体育学刊,2015(2).

[103] 郑频频. 健康促进理论与实践[M].上海:复旦大学出版社,2011.

[104] 中国儿童青少年身体活动指南制作工作组. 中国儿童青少年身体活动
　　 指南[J].中国循证儿科杂志,2017(6).

[105] 中国儿童中心.中国城市儿童户外活动蓝皮书[R].北京:2012.

[106] 周二三,刘成,李秀华. 体质弱势群体的理论构建[J]. 体育学刊,2008
　　 (7).

[107] 周菲菲. 美国城市学校儿童"步行校车"组织方式及启示[J]. 教育学术

月刊,2014(4).

[108] 朱琳. 11～14 岁青春期少年常见体力活动能耗测量的方法学研究[D]. 上海:上海体育学院,2012.

[109] 朱为模. 从进化论、社会—生态学角度谈环境、步行与健康[J]. 体育科研,2009(5).

[110] 朱小烽. 儿童青少年体适能评定与健康促进[M]. 成都:西南交通大学出版社,2016.

[111] 祝大鹏,陈蔚. 动商:概念界定、类型划分与测量工具的再审视[J]. 上海体育学院学报,2017(1).

[112] 邹志春,陈佩杰,庄洁. 上海城区 7～17 岁学生 20 米往返跑成绩和最后跑速变化分析[J]. 中国运动医学杂志,2011(1).

[113] Ekhard E, Ziegler L J, Filer J R. 现代营养学[M]. 闻芝梅译. 北京:人民卫生出版社,1999.

[114] F. D. 沃林斯基. 健康社会学[M]. 孙牧虹译. 北京:社会科学文献出版社, 1999.

[115] Janz K F, Thomas D Q, Ford M A, et al. 儿童青少年体力活动与骨健康研究的 10 大问题[J]. 北京体育大学学报, 2016(1).

[116] 2008 Physical activity guidelines for Americans[R]. US Department of HHS,2008.

[117] Active Healthy Kids Canada. Is Canada in the running? The 2014 Active Healthy Kids Canada Report Card on Physical Activity for Children and Youth[R]. Toronto:Active Healthy Kids Canada,2014.

[118] Active living research [EB/OL]. http://www. activelivingresearch. org/.

[119] Ainsworth B E. How physically active are our children? A global view [J]. Journal of Sport and Health Science,2016(5).

[120] Biddle S J H, Gorely T, Pearson N, et al. An assessment of self-reported physical activity instruments in young people for population surveillance: project ALPHA[J]. International Journal of Behavioral Nutrition & Physical Activity, 2011(8).

[121] Bruce G，Kenneth R M，Monica L W． Behavior theory in health promotion practice and research［M］． Boston：Jones and Bartlett Publishers，Inc. ,2011.

[122] Cai Y，Zhu X，Wu X． Overweight，obesity，and screen-time viewing among Chinese school-aged children：national prevalence estimates from the 2016 Physical Activity and Fitness in China—the Youth Study[J]． Journal of Sport and Health Science，2017(4).

[123] Caldwell A E． Human physical fitness and activity[M]． Switzerland：Springer International Publishing，2016.

[124] Centers for disease control． Vital signs：obesity among low-income，preschool-aged children — United States，2008-2011［R］． Morbidity and Mortality Weekly Report，2013(31).

[125] Chao Wang，Peijie Chen，Jie Zhuang． A national survey of physical activity and sedentary behavior of Chinese city children and youth using accelerometers［J］． Research Quarterly for Exercise & Sport，2013(S2).

[126] Chen P． Physical activity，physical fitness，and body mass index in the Chinese child and adolescent populations：an update from the 2016 Physical Activity and Fitness in China—The Youth Study[J]． Journal of Sport and Health Science，2017(4).

[127]Van Poppel M N M，Chinapaw M J M，Mokkink L B，et al． Physical activity questionnaires for youth：a systematic review of measurement properties[J]． Sports Medicine，2010(7).

[128] Colley R C，Brownrigg M，Tremblay M S． A model of knowledge translation in health：The Active Healthy Kids Canada Report Card on Physical Activity for Children and Youth［J］． Health Promotion Practice,2012,13(3).

[129] Cooper A R，Klentrou P，Page A，Pfeiffer K A． The global matrix 2. 0[J]． Journal of Physical Activity and Health，2016(S2).

[130] David J. Anspaough,Michael H. Hamrick,Frank D. Rosato. Wellness-conceptsandapplications［M］. 7th ed. New York：McGraw-Hill Higher Education,2009.

[131] Dishman R K,Hales D P,Pfeiffer K A,et al. Physical self-concept and self-esteem mediate cross-sectional relations of physical activity and sport participation with depression symptoms among adolescent girls ［J］. Health Psychology,2006(3).

[132] Evans R G, Stoddart G L. Producing health, consuming health care ［J］. Social Science & Medicine, 1990(12).

[133] Langford F. Christchurch central city pedestrian counts survey［R］. Christchurch：Christchurch City Council, 2001.

[134] Fan X，Cao Z B. Physical activity among Chinese school-aged children：national prevalence estimates from the 2016 Physical Activity and Fitness in China—The Youth Study［J］. Journal of Sport and Health Science, 2017(4).

[135] Freedson P，Bowels H R，Troiano R，et al. Assessment of physical activity using wearable monitors：recommendations for monitor calibration and use in the field［J］. Medicine and Science in Sports and Exercise,2012(S1).

[136] Gillis L，Tomkinson G，Olds T，et al. Research priorities for child and adolescent physical activity and sedentary behaviors：a global perspective using a twin-panel Delphi procedure［J］. International Journal of Behavioral Nutrition & Physical Activity,2013(1).

[137] Welk G J. The youth physical activity promotion model：a conceptual bridge between theory and practice［J］. Quest，1999(1).

[138] Hackney A C. Sex hormones，exercise and women［M］. Switzerland：Springer International Publishing,2017.

[139] Hallal P C，Andersen L B，Bull F C，et al. Global physical activity levels：Surveillance progress, pitfalls, and prospects［J］. Lancet,

2012(9838).

[140] Hamilton N, Bhatti T. Population health promotion: an integrated model of population health and health promotion. Ottawa: Health Promotion Development Division, Health Canada, 1996.

[141] Heath G W, Parra D C, Sarmiento O L, et al. Evidence-based intervention in physical activity: lessons from around the world. [J]. Lancet, 2012(9838).

[142] Kaplan H, Gangestad S W. The handbook of evolutionary psychology (2nd ed.)[M]. Hoboken: John Wiley & Sons, Inc. , 2015.

[143] Liu Y, Tang Y, Cao Z B, et al. Results from Shanghai's China 2016 report card on physical activity for children and youth[J]. Journal of Physical Activity and Health, 2016(S2).

[144] Malina R M, Cumming S P, Coelho-E-Silva M J. Biological Measures of human experience across the lifespan[M]. Switzerland: Springer International Publishing, 2016.

[145] Orrow G, Kinmonth A L, Sanderson S, et al. Effectiveness of physical activity promotion based in primary care: systematic review and meta-analysis of randomised controlled trials [J]. The British Medical Journal, 2013(1).

[146] Parfitt G, Eston R G. The relationship between children's habitual activity level and psychological well-being[J]. Acta Paediatrica, 2005 (12).

[147] Sasaki J E, John D, Freedson P S. Validation and comparison of ActiGraph activity monitors[J]. Journal of Science & Medicine in Sport, 2011(5).

[148] Tremblay M S, Barnes J D, Cowie Bonne J. Impact of the Active Healthy Kids Canada Report Card: a 10-year analysis[J]. Journal of Physical Activity and Health, 2014(11).

[149] Tremblay M S, Barnes J D, González S A, et al. Global matrix 2. 0:

report card grades on the physical activity of children and youth comparing 38 countries[J]. Journal of Physical Activity and Health, 2016(S2).

[150] Tudor-Locke C, Bassett J D R. How many steps/day are enough: preliminary pedometer indices for public health[J]. Sports Medicine, 2004(1).

[151] Tudor-Locke C, et al. BMI-referenced standards for recommended pedometer-determined steps/day in children[J]. Preventive Medicine, 2004(6).

[152] Vincent S D, Pangrazi R P. An examination of the activity patterns of elementary school children[J]. Pediatric Exercise Science, 2002(4).

[153] Whitehead M. Physical literacy: throughout the lifecourse [M]. London and New York: Routledge, 2010.

[154]Wong S H, Huang W Y, Wong M C, Sit C H, Sum R K, He G. Results from Hong Kong's 2016 report card on physical activity for children and youth[J]. Journal of Physical Activity and Health, 2016 (S2).

[155] Zhu W. Let's keep walking[J]. Medicine and Science in Sports and Exercise, 2008(7).

[156] Zhu Z, Yang Y, Kong Z, et al. Prevalence of physical fitness in chinese school-aged children: findings from the 2016 physical activity and fitness in china-the youth study[J]. Journal of Sport and Health Science, 2017(4).

附录一　中国青少年亚健康多维问卷

一、躯体亚健康部分

症状	等级	症状	等级
几乎一天到晚感到眼睛酸胀		经常反复出现感冒	
总感觉饭菜没滋味		反复出现口角溃烂	
感到恶心,几乎每天如此		常常感到鼻塞	
感到眼睛干涩,几乎每天如此		常常感到喉咙肿痛	
多饮多食		牙龈经常肿痛	
常常感到胸闷气短		反复出现口腔溃疡	
经常返酸(吐酸水),几乎每天如此		牙龈经常出血	
感到胃胀,几乎每天如此		常常感到头痛	
常常感到不想吃东西		面色灰暗	
反复出现不明原因的腹泻(拉肚子)		常常感到肢体麻木	
常常感到胃疼		几乎一天到晚感到嗓子发痒	
夜间盗汗,几乎每天如此		常常感到头晕目眩	
入睡困难,几乎每天如此		轻微活动后就感到肌肉酸痛	
睡得不稳不深,几乎每天如此		常常觉得疲倦、乏力	
早晨醒来太早,经常如此		常常感到四肢乏力	
体重明显增加		稍微活动后就感到心慌	

续表

二、心理亚健康部分

症状	等级	症状	等级
对事物不感兴趣		近一段时间总是很难记住学习内容	
常常感到坐立不安、心神不定		常常感到人们对自己不友好、不喜欢	
常常感到紧张		总是感觉旁人能知道我的私下想法	
经常责怪自己		常常感到有人在监视、谈论自己	
常常害怕空旷的场所		在家里几乎很难安心学习	
做事经常犹豫不决		总是感到大多数人都不可信任	
常害怕去公共场合活动或参与集体活动		对现在的学校生活常常感到不适应	
常常感到心里烦躁		当心情低落时，常常不愿向其他人倾诉	
经常会无缘无故地感到害怕		总是感到前途没有希望	
注意力无法集中		总是很难适应老师的教学方法	
常常感到苦闷		经常有想摔东西的冲动	
头脑中总是有不必要的想法或字句盘旋		当遇到困难时，大多不想去求助于别人	
上课时总是担心老师提问自己		总是不喜欢和同学、朋友在一起谈论问题	
反复想死		一天到晚对什么都提不起精神	
经常想到怎样去实施自杀（如怎样去服毒、割腕、跳楼等）		经常与人争论、抬杠	
在人多的地方感到不自在		总觉得别人在跟我作对	
单独一个人时总是感觉精神紧张		总是很讨厌上学	
经常不能控制地大发脾气		一听说要考试，总感到坐立不安	
经常因一些小事而愤怒		与同学相比，常常感到学习困难	
当别人看着我时，常常感到不安			

注：症状持续时间等级：持续 3 个月以上——6；持续 2 个月以上——5；持续 1 个月以上——4；持续 2 个星期以上——3；持续 1 个星期以上——2；没有或持续不到 1 个星期——1。1～6 为等级，按持续时间填写相应数字。

附录二 2014年全国7～19岁 青少年各项体质指标均值

性别	年龄组（岁）	身高（厘米）	体重（千克）	胸围（厘米）	安静脉搏（次/分）	收缩压（毫米汞柱）	舒张压（毫米汞柱）	肺活量（毫升）	50米跑（秒）
男	7	126.6	26.6	60.6	87.9	95.2	59.0	1150.3	11.1
	8	132.0	29.9	63.2	86.9	97.2	60.4	1329.9	10.5
	9	137.2	33.6	66.0	86.6	99.2	62.2	1530.7	10.1
	10	142.1	37.2	68.4	85.9	101.0	63.1	1734.4	9.7
	11	148.1	41.9	71.5	85.6	103.7	64.6	1969.1	9.4
	12	154.5	46.6	74.1	84.4	105.6	65.1	2272.6	9.0
	13	161.4	52.0	77.3	83.2	108.8	66.7	2667.5	8.5
	14	166.5	56.2	79.9	82.5	111.7	68.5	3045.1	8.2
	15	169.8	59.5	82.0	81.0	113.4	69.7	3369.0	7.9
	16	171.4	61.5	83.5	80.2	114.2	70.4	3575.7	7.7
	17	172.1	63.3	85.0	79.9	116.1	71.7	3726.8	7.6
	18	172.0	63.3	85.3	79.2	116.3	72.1	3772.3	7.7
	19	172.4	63.5	85.8	78.1	115.7	72.4	3924.6	7.6

续表

性别	年龄组（岁）	身高（厘米）	体重（千克）	胸围（厘米）	安静脉搏（次/分）	收缩压（毫米汞柱）	舒张压（毫米汞柱）	肺活量（毫升）	50米跑（秒）
女	7	125.1	24.7	58.1	88.6	93.6	58.3	1037.4	11.6
	8	130.5	27.6	60.4	87.3	95.2	59.7	1184.7	10.9
	9	136.3	31.3	63.4	86.9	97.6	61.4	1358.6	10.5
	10	142.6	35.5	66.6	86.8	100.6	63.1	1564.4	10.2
	11	149.3	40.6	70.6	86.4	103.1	64.8	1783.0	9.9
	12	153.7	44.5	73.6	84.7	103.8	65.2	1976.2	9.7
	13	157.0	48.0	76.3	83.6	105.0	66.2	2132.8	9.6
	14	158.7	50.4	78.3	83.2	106.8	67.5	2261.7	9.6
	15	159.4	51.6	79.1	82.3	106.7	67.2	2345.0	9.6
	16	159.8	52.7	80.2	81.5	106.6	67.5	2423.7	9.7
	17	159.8	53.0	80.9	81.3	107.2	68.1	2450.7	9.7
	18	159.4	52.6	80.6	81.0	107.5	68.5	2431.3	9.8
	19	160.2	52.4	80.8	79.6	105.9	68.1	2574.0	9.6

2014 年全国 7～19 岁青少年各项体质指标均值(续)

性别	年龄组（岁）	握力（千克）	立定跳远（厘米）	斜身引体（次）	引体向上（次）	1分钟仰卧起坐（次）	50米×8往返跑（秒）	1000米跑（秒）	800米跑（秒）	坐位体前屈（厘米）
男	7	10.4	122.3	21.3	/	/	135.7	/	/	6.2
	8	12.5	133.1	22.5	/	/	130.9	/	/	6.0
	9	14.3	141.0	23.2	/	/	126.8	/	/	5.3
	10	16.1	148.4	24.1	/	/	122.3	/	/	4.6
	11	19.0	156.9	24.7	/	/	117.8	/	/	4.4
	12	22.9	169.4	26.7	/	/	114.1	/	/	4.3
	13	28.7	185.6	/	1.9	/	/	300.4	/	5.9
	14	33.4	198.9	/	2.7	/	/	281.8	/	7.2
	15	37.4	212.2	/	3.4	/	/	269.6	/	9.1
	16	39.9	219.9	/	3.8	/	/	265.7	/	10.1
	17	41.9	224.2	/	4.2	/	/	264.5	/	10.6
	18	43.0	225.8	/	4.5	/	/	263.7	/	11.0
	19	42.6	222.8	/	4.8	/	/	260.5	/	11.6

性别	年龄组（岁）	握力（千克）	立定跳远（厘米）	斜身引体（次）	引体向上（次）	1分钟仰卧起坐（次）	50米×8往返跑（秒）	1000米跑(秒)	800米跑(秒)	坐位体前屈（厘米）
女	7	9.1	114.3	/	/	19.3	139.4	/	/	10.2
	8	10.8	124.4	/	/	22.6	134.8	/	/	10.3
	9	12.6	131.9	/	/	24.6	130.6	/	/	9.7
	10	14.8	139.9	/	/	26.6	125.6	/	/	9.5
	11	17.7	147.1	/	/	28.1	121.4	/	/	9.5
	12	20.0	152.3	/	/	27.9	120.6	/	/	9.5
	13	22.2	156.7	/	/	28.9	/	/	266.5	10.7
	14	23.5	159.5	/	/	30.1	/	/	261.3	11.5
	15	24.4	164.5	/	/	31.4	/	/	257.6	12.6
	16	25.1	166.0	/	/	31.6	/	/	260.7	13.2
	17	25.6	166.5	/	/	31.5	/	/	261.9	13.4
	18	25.9	166.2	/	/	30.7	/	/	261.3	13.6
	19	26.1	165.5	/	/	30.1	/	/	253.1	14.6

附录三　青少年体力活动问卷(PAQ-A)中文版

姓名：_____　出生日期：_____　性别：_____　班级：_____

下面的问题反映您在过去 7 天(上周)中的体力活动情况。这些活动可能让你出汗、身体感到疲劳、呼吸急促等，如跑步、走路、爬山、舞蹈等。所有问题均为单项选择，请在空格内打钩。

1.过去 7 天中，你做过下列活动吗？如果做过，有多少次？(包括体育课上、课间操、放学后)

参加的活动	周一到周五，你共活动了几次					周六及周日你共活动了几次				
过去一周，你参加过下列哪些活动	0	1~2	3~4	5~6	7以上	0	1~2	3~4	5~6	7以上
例如:游泳	✓						✓			
步行(包括上下学)										
骑车(包括上下学)										
乘车上下学										
跑步										
乒乓球										
羽毛球										
足球										
篮球										

续表

参加的活动	周一到周五,你共活动了几次					周六及周日你共活动了几次				
过去一周,你参加过下列哪些活动	0	1~2	3~4	5~6	7以上	0	1~2	3~4	5~6	7以上
广播操										
健身操										
游泳										
舞蹈										
爬山										
跳绳										
轮滑										
跆拳道										
其他										

2. 在过去的 7 天中,你在体育课上表现得积极吗(游戏、跑步、跳跃、投掷)?

(1)我没上体育课(　　)

(2)很少积极活动(　　)

(3)有时很积极(　　)

(4)经常很积极(　　)

(5)一直很积极(　　)

3. 在过去的 7 天中,你在午休期间通常做什么(除了吃午饭以外)?

(1)坐着(包括聊天、学习、写作业、睡觉等)(　　)

(2)到处站站或走走(　　)

(3)跑或玩一小会儿(　　)

(4)经常四处跑动或积极活动(　　)

(5)大部分时间都是在跑动或剧烈运动(　　)

4. 在过去的 7 天中,放学后你有多少天积极参加体育锻炼、跳舞或其他的活动?

(1)0 天(　　)

(2)1 天（   ）

(3)2～3 天（   ）

(4)4 天（   ）

(5)5 天（   ）

5. 在过去的 7 天中,有几个晚上你积极参加了体育锻炼、跳舞或其他的活动?

(1)0 个晚上（   ）

(2)1 个晚上（   ）

(3)2～3 个晚上（   ）

(4)4～5 个晚上（   ）

(5)6～7 个晚上（   ）

6. 在上周末,你积极参加了几次体育锻炼、跳舞或其他的活动?

(1)0 次（   ）

(2)1 次（   ）

(3)2～3 次（   ）

(4)4～5 次（   ）

(5)6 次以上（   ）

7. 下面哪一句话最适合你过去 7 天的总体情况? 请把所有 5 个选项读完再选择答案。

(1)我在课余时间所做的事情几乎都不需要花费体力（   ）

(2)有时(上周有 1～2 次)我会在课余时间参与一些体育活动(如跑步、游泳、骑自行车、跳健美操等)（   ）

(3)我会经常(上周有 3～4 次)地在课余时间做一些体育活动（   ）

(4)我会比较经常(上周有 5～6 次)地在课余时间做一些体育活动（   ）

(5)我会特别经常(上周有 7 次或 7 次以上)在课余时间做一些体育活动（   ）

8. 在上周的每一天,你经常进行体育活动吗(如跑步、健步走、运动锻炼、跳舞或者其他形式的体力活动)? 请在相应的选项内打钩。

	从来没有	一点点	一般	频繁	非常频繁
星期一					
星期二					
星期三					
星期四					
星期五					
星期六					
星期日					

9.上周你生病了吗？或者有没有其他情况使你不能参加正常的体育活动？

有( )

无( )

如果有,请写出是什么事情导致你无法正常进行体育活动_____

问卷到此结束,谢谢合作!

附录四　2016 年全球联合《报告》指标评级一览表

国家和地区	体力活动总体水平	组织性体力活动	自主性体力活动	上下学交通方式	静态生活方式	家庭和同伴的支持	学校	社区及周边建筑环境	政策与经费投入
澳大利亚	D−	B	INC	C−	D−	C+	B−	A−	D
比利时	F+	C−	C+	C−	D−	INC	B−	INC	C+
巴西	C−	INC	INC	C+	D+	C+	INC	INC	D
加拿大	D−	B	D+	D	F	C+	B	A−	B−
智利	F	D	INC	C−	D	D	D	C	C
中国上海	F	F	D−	C−	F	B	B+	D+	D
哥伦比亚	D	C	INC	D	D	INC	D	C	B
丹麦	D+	A	INC	B	INC	INC	B	B+	A−
英格兰	D−	D	INC	C−	INC	INC	B+	B	INC
爱沙尼亚	F	C	INC	INC	F	C	C	B	C
芬兰	D	C	C	B	D	C	B	B	B
加纳	D	C	B	C	D	F	D	F	D
中国香港	D	C−	INC	B	C	B	C	B	INC
印度	C−	INC	INC	C	C	INC	INC	INC	D
爱尔兰	D	C−/C+	INC	D	C−	INC	D	B+	INC
日本	INC	C	INC	B	C	D	B	D	B
肯尼亚	C	C	B	B	B	D	C	D	C
朝鲜	D−	C−	INC	C+	F	INC	D	INC	C

续表

国家和地区	体力活动总体水平	组织性体力活动	自主性体力活动	上下学交通方式	静态生活方式	家庭和同伴的支持	学校	社区及周边建筑环境	政策与经费投入
马来西亚	D	INC	INC	D	D	INC	B	INC	B
墨西哥	C	D	D−	C	D	INC	D−	D	C
莫桑比克	C	F	D	C	INC	INC	D	F	F
荷兰	D	B	B	A	C	B	C	A	INC
新西兰	B−	C+	B−	C−	C	C	C+	B	B−
尼日利亚	C	INC	C	B	F	INC	C−	INC	C
波兰	D	D	INC	C	D	C	B	C	C
葡萄牙	D	B	D	C	D	C	B	D	C
卡塔尔	F	D	INC	INC	D	D	INC	INC	C
苏格兰	F	INC	INC	C	F	D−	C	B	B
南非	C	C	INC	C	F	C−	D	C−	B
西班牙	D−	B	C+	C	D	INC	C	INC	INC
瑞典	D	B+	INC	C+	C	INC	C+	B	B
泰国	D−	C	F	B	D−	B	C	C	C
阿联酋	D−/F−	INC	INC	D−/F−	C−	C−	D	INC	B+
美国	D−	C−	INC	F	D−	INC	D+	B−	INC
委内瑞拉	D	INC	INC	INC	D/F	INC	INC	INC	D
威尔士	D−	C	C	C	D−	D+	B	C	B−
津巴布韦	C+	B	D+	A−	B	INC	D	F	D
斯洛文尼亚	A−	B−	D	C	B+	INC	A	INC	B+

注:INC(incomplete)表示因数据不足无法取得评级。

附录五　中英文对照表

英文	中文
Accelerometer	加速度计
AC(Accelerometry Count)	加速度计计数
ACSM	美国运动医学协会
ALR(Active Living Research)	积极生活研究
Basal Metabolism	基础代谢
BMD(Bone Mineral Density)	骨密度
Body Composition	身体成分
CDC	美国疾病控制中心
CFS(Chronic Fatigue Syndrome)	慢性疲劳综合征
C-LPAM(Children'S Lifetime Physical Activity Model)	儿童终身体力活动模型
Cost-Benefit Analysis	成本—收益分析
Decisional Balance	决策平衡
Direct Calorimetry	直接测热法
Dlw(Doubly Labeled Water)	双标水
Ecological Theory	生态学理论
Ee(Energy Expenditure)	能量消耗
Enabling Factors	促成因素
Epigenetics	表观遗传修饰
Exercise Prescription	运动处方
Fast-Slow Strategy	快—慢策略的权衡过程
GIS(Geographic Information System)	地理信息系统

续表

英文	中文
GPS(Global Positioning System)	全球定位系统
HBM(Health Belief Model)	健康信念理论
Health Field Model	健康场模型
IC(Indirect Calorimetry)	间接测热法
Inactivity Physiology	体力活动不足生理学
IPAQ(International Physical Activity Questionnaire)	国际体力活动问卷
Life History Theory	生命史理论
MET(Metabolic Equivalent of Energy)	代谢当量
MQ(Motility Quotien/Motor Quotient)	动商
MVPA(Moderate-To-Vigorous Physical Activity)	中高强度体力活动
Natural Selection	自然选择
Optimal Strategy	最优策略
PAEE(Physical Activity Energy Expenditure)	体力活动能量消耗
PAL(Physical Activity Level)	体力活动水平
PBM(Peak Bone Mass)	峰值骨量
Pedometer	计步器
Physical Activity	体力活动
Physical Activity Guidelines for Americans	美国国民体力活动指南
Physical Activity Promotion	体力活动促进
Physical Fitness	体适能
Physical Literacy	体育素养
Predisposing	倾向因素
Proximate Mechanism	最近机制
Reaction Norm	反应范式
Reinforcing	强化因素
Reproductive Effort	繁衍努力
ROC(Receiver Operator Characteristic)	接受者工作特征

续表

英文	中文
RPE(Rating of Perceived Exertion)	自觉疲劳程度
Sedentary Lifestyle	静态生活方式
Self-efficacy	自我效能
Somatic Effort	躯体努力
TEE(Total Energy Expenditure)	总能耗
Report Card on Physical Activity for Children and Youth	儿童青少年体力活动报告
Thrifty Gene	节俭基因
Trade-off	权衡
TTM(Transtheoretical Model)	阶段变化模型(跨理论模型)
Ultimate Mechanism	终极机制
VO_2 max(Maximal Oxygen Intake)	最大摄氧量
VM(Vector Magnitude)	三轴综合计数
Wellness	整体健康(完全健康)

图书在版编目(CIP)数据

青少年体力活动促进理论与实践 / 向剑锋著.
—杭州:浙江大学出版社,2020.1
ISBN 978-7-308-19484-6

Ⅰ.①青… Ⅱ.①向… Ⅲ.①青少年－体育锻炼
Ⅳ.①G806

中国版本图书馆 CIP 数据核字(2019)第 185628 号

青少年体力活动促进理论与实践

向剑锋　著

责任编辑	吴伟伟 weiweiwu@zju.edu.cn
责任校对	杨利军　张　睿
封面设计	雷建军
出版发行	浙江大学出版社
	(杭州市天目山路 148 号　邮政编码 310007)
	(网址:http://www.zjupress.com)
排　　版	浙江时代出版服务有限公司
印　　刷	杭州高腾印务有限公司
开　　本	710mm×1000mm　1/16
印　　张	13.75
字　　数	218 千
版 印 次	2020 年 1 月第 1 版　2020 年 1 月第 1 次印刷
书　　号	ISBN 978-7-308-19484-6
定　　价	58.00 元